プロフェッショナルの条件

いかに成果をあげ、成長するか

P・F・ドラッカー 著
上田惇生 編訳

THE ESSENTIAL DRUCKER ON INDIVIDUALS:
TO PERFORM, TO CONTRIBUTE AND TO ACHIEVE

BY PETER F. DRUCKER EDITED BY ATSUO UEDA

ダイヤモンド社

THE ESSENTIAL DRUCKER ON INDIVIDUALS

by

Peter F. Drucker

Published by arrangement directly with the author
Through Tuttle-Mori Agency, Inc., Tokyo

日本の読者へ——モデルとしての日本

私の心の中で、日本は七〇年近くにわたって重要な位置を占めてきた。一九三四年にロンドンの小さな銀行で働いていた私は、偶然、日本画展に足を踏み入れた。当時ヨーロッパでは、日本はほとんど知られていなかった。日本画にいたっては、何も知られていなかった。私自身、聞いたこともなかった。だが私の人生において、一九三四年六月の薄暗いロンドンの美術館で受けた衝撃は、その後経験することのないものとなった。私は日本画の虜になった。今もそれは変わらない。

私はさっそく、それらの素晴らしい絵画を生んだ国について調べた。日本の文化、社会、歴史を学んだ。そこで、もう一つ驚くべきものを見つけた。それは当時、ヨーロッパでは同じように知られていなかった明治維新だった。

一九三〇年代半ばといえば、ヒトラーがドイツを手中にした後、全ヨーロッパの征服に乗りだし、世界を支配すべく準備を進めていた時期だった。私は、昼は銀行で働きながら、夜はこのヨーロッパの社会と文明の崩壊をいかに捉えるかについて考えた。その成果が、処女作『経済人の終わり』（一九三九年）だった（数年前、新訳がダイヤモンド社によって再刊された）。

私は同時に、社会と文明の再興をいかに果たすかについても考えた。当時すでに私は、ヒトラーが最後には破滅するであろうことを確信していた。そのようなときに知ったのが、ヨーロッパを麻痺させ、ヒトラーの台頭を許した失政と分裂と動乱に匹敵する状況から社会を蘇生させ、固有の文化を守り抜き、政治と経済の機能を取り戻すことに成功した明治維新という七〇年前の偉業だった。

私は明治維新からヨーロッパが学ぶべきものを考えた。今日にいたるも、私は明治維新の奇跡を十分に知ってはいない。今では、誰にも本当のところは分からないのではないかと思っている。なぜならば、人類の歴史上、明治維新には似たものがなかったからである。だがこの明治維新への探究心が、やがて私のライフワークとなったもの、すなわち社会の核、絆としての組織体への関心へとつながっていった。

その一五年後、二〇年後、私は日本の第二の奇跡を目にした。それは、混乱と廃墟からの復興だった。今日の日本、世界第二位の経済大国しか知らない人たちにとっては信じられないだろうが、一九四〇年代末の日本を見てその復興を可能とした者は、世界にひとりもいなかった。ところが実際には、戦後一〇年、そこには新生日本があった。驚くべきことに、あくまでも日本としての日本が生まれていた。ここでも、人類の歴史上、戦後日本には似たものがなかった。

とはいえ、戦後日本の奇跡については説明がつく。それは主としてマネジメント、特に企業マネジメントの成果だった。幸い私は、そのような復興の過程にある日本を、講師として、あるいは企業や政府機関の相談相手として何度も訪問した。この日本とのつながりが、マネジメントへの私の関心と理解を深める役割を果たし続けた。

今日日本は、一四〇年前と五〇年前の二つの転換期に匹敵する大転換期にある。ただし前の二つの転換とは違い、今回のそれは失政、混乱、敗北の類がもたらしたものではなく、主として成功の結果もたらされたものである。成功のもたらす問題は、失敗のもたらす問題とは大きく異なる。

しかし、そこで求められる姿勢、変化と継続双方への関わり方、一人ひとりの人間のとるべき行動、リーダーシップは同じである。そのような意味において、人と組織との関わりについての私の著作の精髄たる本書が、明治維新と戦後日本から多くを学んだ者からの返礼として、今日の日本のお役に立つならば、これに勝る喜びはない。まさに本書は、大恩ある日本と、日本の友人、クライアント、教え子たちへの返礼である。なぜならば、私に対し、そして世界に対し、一八六〇年代から七〇年代、一九五〇年代から六〇年代という二度の転換を通じ、いかにして激動を好機とし、苦難を絆に結びつけるかを示してくれたものこそ、他ならぬ日本だったからである。

本書は私の著作である。しかし本書の構想、論文の選択、編纂は、私の親しい友人、日本での分身たる上田惇生氏によるものである。氏は、本業として、日本でもっとも影響力のある経済団体、経団連で要職にあったあと、現在、東京近郊に他に例のないものづくりのための大学を新設すべく奔走しておられる。同時に氏は、実に三〇年以上にわたって、私の翻訳者、編集者、助言者としての役割を果たしてこられた。私自身、私の著作、そして読者が氏に負うものの大きさは、私の筆をもってしては表わしきれない。

二〇〇〇年春
カリフォルニア州クレアモントにて

ピーター・F・ドラッカー

はじめに

やがて歴史家は、二〇世紀最大のできごとは何だったというだろうか。二つの世界大戦か。原爆か。非西洋の国日本が経済大国になったことか。それとも、情報技術（ＩＴ）革命か。

私の答えは、人口革命である。量的には、世界人口の爆発的な増加であり、今日の先進社会の高齢化をもたらしつつある平均寿命の爆発的な伸びである。質的には、さらに重要なこととして、先進社会における労働力人口の中身の変化、肉体労働者から知識労働者への重心の移動である。

二〇世紀初め、労働力人口の九〇％から九五％は肉体労働者だった。農民、家事使用人、工場や建設現場の単純労働者だった。彼らの平均寿命、特に労働寿命は、当時年寄りとされていた五〇歳に達するころには、ほとんど働けなくなるほどに短かった。

ところが今日、働く者、特に知識労働者の平均寿命は、今世紀の初めには想像しなかったほど伸びる一方、彼らの雇用主たる組織の平均寿命は着実に短くなっている。これからは、さらに短くなっていく。正確にいうならば、雇用主たる組織、特に企業が繁栄できる期間は確実に短くなる。もともと、そのような期間が長かったことは一度もない。歴史的に見て、三〇年以上繁栄した企業はあまりない。もちろん、繁栄できなくなったからといって消滅するわけではない。しかしほとんどの企業が、繁栄の後に低迷期を迎える。再起して、再び成長する企業は少ない。

このように、働く者、特に知識労働者の平均寿命と労働寿命が急速に伸びる一方において、雇用主たる組織の平均寿命が短くなっている。しかも今後、グローバル化と競争激化、急激なイノベーションと技術変化の波の中にあって、組織が繁栄を続けられる期間はいっそう短くなっていく。これからは、ますます多くの人たち、特に知識労働者が、雇用主たる組織よりも長生きすることを念頭におかなければならない。第二の人生のために、新しいキャリア、新しいアイデンティティ、新しい環境の用意をしておかなければならない。

今日あらゆる先進国において、最大の労働力人口は、肉体労働者ではなく知識労働者である。二〇世紀の初め、最先端の先進国でさえ知識労働者はわずかだった。全労働力人口の三％を越える国はなかった。だが今日アメリカでは、その割合が四〇％を占める。二〇二〇年には、ヨーロッパ諸国や日本もそうなる。このように大量の知識労働者は、歴史上初めての経験である。彼らは生産手段を所有する。知識を所有しているからである。しかも、その知識は携行品である。頭の中にある。

いついかなる時代においても、一人ひとりの人間には、自らの進路を決める選択の余地はなかった。農民の子は農民になった。職人の子は職人になり、職人の娘は職人に嫁いだ。工員の息子や娘は工場に働きに出た。階層間の移動の自由は下方にのみ開いていた。日本では、徳川幕府の二五〇年間、武士が庶民に身を落とすことはあっても、庶民が武士に出世することは稀だった。

同じことは、どの国にもいえた。もっとも労働力の流動性に富んだ二〇世紀初めのアメリカでさえ、上方への移動は稀だった。一九〇〇年代初めから一九五〇年までの数字がある。それによると、経営者や自由業者の九〇％は経営者や自由業者の子供だった。当時、下の階層とされていた層からあがってきた者は一〇％にすぎなかった。

一八六〇年から七〇年にかけて誕生した近代企業は、たとえわずかであっても、そこに働く者が上方に移動できるという意味で革命的な存在だった。近代企業が、町や村、ギルドなどむかしながらの秩序を乱したのは、そのためだった。しかしその近代企業さえ、それぞれがコミュニティたろうとした。日本独自の価値観を体現するものとして理解されている終身雇用は、その象徴だった。この終身雇用は、日本でも明治以前、すなわち二〇世紀以前にはなかった。

終身雇用は、欧米にもあった。アメリカ、イギリス、ドイツ、スイスでも、大企業で働く日給、時給以外の従業員は終身雇用だった。彼らは入社するや、自らを社員と位置づけ、会社に完全に帰属した。アメリカではGEマンであり、ドイツではジーメンス・マンだった。世界中の大企業の多くが、日本の大企業と同じように、新卒者を雇い、定年まで働くものとした。何ごとも制度化することの好きなドイツでは、彼らは民間公務員と名づけられた。社会的には政府公務員よりも下に位置づけられたが、法的には同等に雇用を保障され、同等に終身雇用の身分を与えられ、その全労働寿命を雇用主たる企業に捧げるものとされた。

一九五〇年代から六〇年代にかけて制度化された日本企業の終身雇用といえども、欧米において一九世紀後半に誕生し、二〇世紀前半にそのピークに達した近代企業のコンセプトの体現であって、その完成にすぎなかった。

今日のところ、二〇二〇年ないし二五年の企業の姿がどのようなものになるかは誰にも分からない。しかしそれが、今日とはまったく異なるものになるであろうことは明らかである。その原因となるものが、人口構造の中身の変化である。

一九世紀の半ばに至ってさえ、事業の成否はコスト格差、すなわちいかに安くつくるかにかかっていた。二〇世紀に入って、それは今日のいわゆる戦略の有無に変わった。このことを最初に指摘したのが、拙著『創造する経営者』(一九六四年)だった。だがそのころには、すでに事業の成否は、知識の有無に移行しつつあった。私がこのことに気づいたのは一九五九年だった。そこから生まれたものが、拙著『経営者の条件』（一九六六年）だった。知識労働者の重要性が増すことを予感し、一人ひとりの人間と組織にとってのその意味を最初に分析したものだった。

もう一度繰り返すならば、知識労働者とは、他のいかなる者とも二つの点で大きく異なる存在である。第一に、彼らは生産手段を所有する。しかも、その生産手段は携行品である。第二に、彼ら（そしてますます多くの彼女ら）は、雇用主たる組織よりも長生きする。加えて、彼らの生産手段たる知識は、他のいかなる資源とも異質である。高度に専門分化して、初めて意味をもつ。脳外科医が真価を発揮するのは、脳外科に専門分化しているからである。おそらく、膝の故障は直せない。熱帯の寄生虫にいたっては、手も出ない。

このことは、あらゆる種類の知識労働者についていえる。日本企業をはじめ、これまで近代企業が育てようとしてきたゼネラリストは、これからの知識経済ではあまり活躍の場はない。ゼネラリストといえども、知識労働と知識労働者をマネジメントする専門家にならないかぎり役に立たない。今後、組織への献身についての論議がどのようなものとなるかに関わりなく、知識労働者の帰属先は、雇用主たる組織ではなく、自らの専門領域にならざるをえなくなる。彼らにとって、コミュニティとは自らの専門領域そのものとなっていく。

一九五〇年代、六〇年代のアメリカでは、パーティで会った人に何をしているかを聞けば、「GEで働いている」「シティバンクにいる」など、雇用主たる組織の名前で返ってきた。当時のアメリカは、今日の日本と同じだった。イギリス、フランス、ドイツその他あらゆる先進国が同じだった。ところが今日、アメリカでは「冶金学者です」「税務をやっています」「ソフトウェアの設計です」と答えが返ってくる。少なくともアメリカでは、知識労働者は、もはや自らのアイデンティティを雇用主たる組織に求めなくなっており、専門領域への帰属意識をますます強めている。今日では日本においてさえ、若い人たちが同じ傾向にある。

これからの組織、特に企業を変えていくものは、技術や情報やｅコマース（電子商取引）の発展よりも、むしろこの意識の変化である。

前に述べたように、私がこの変化に最初に気づいたのは一九五〇年代の終わりだった。それ以来私は、この変化と一人ひとりの人間にとっての意味を考え続けた。なぜならば、この変化を捉えて、自らの機会、キャリア、成果、帰属、自己実現に結びつけるべきは、彼ら一人ひとりの知識労働者だからである。しかも、明日の組織がどのようなものとなり、どのような組織が繁栄するかを決めるのも、彼ら知識労働者である。

企業、政府機関、ＮＰＯ（非営利組織）のいずれであれ、マネジメントの定義は一つしかありえない。それは、人をして何かを生みださせることである。今後、組織の競争力はこの一点にかかっている。もはや経済学のいう生産資源、すなわち土地、労働、資本からの競争優位は得られない。たしかに、これらの資源を使いこなせなければ不利を招く。だが今日では、あらゆる企業が、同一の価格でいかなる原材料も手に入れられる。資金は世界中から調達できる。

肉体労働者にいたっては、ほとんどの企業にとって、生産手段として重要な存在ではなくなっている。アメリカでは、製造業のうちもっとも労働集約的なものにおいてさえ、直接労務費は一二～一三％である。したがって直接労務費の五％のコスト格差は、ニット製品メーカーなど極度に労働集約的な小さな産業は別として、競争上意味をもたない。

今や唯一の意味ある競争力要因は、知識労働の生産性である。その知識労働の生産性を左右するものが知識労働者である。雇用主たる組織の盛衰を決めるものも、一人ひとりの知識労働者である。

これらのことが何を意味するかが、本書の主題である。本書は私の著作のうち、一人ひとりの人間と一つひとつの組織が、知識と知識労働に固有の特性と、そのもたらす機会について理解を新たにし、今日自らに求められていることについて認識を新たにするうえで必須のものを、これらのことに通暁した編者が選択したものである。

すべて初めての挑戦である。むずかしいことではない。だが、一人ひとりの人間、一つひとつの組織が成功を続けるうえで不可欠のものである。これからの数十年にわたって、知識労働者として活躍する人としない人、知識経済において繁栄する組織としない組織の差は歴然となる。まさに本書は、読者の方々が、成果をあげ、貢献し、自己実現していくことを目的としている。

プロフェッショナルの条件■目　次

Part1　いま世界に何が起こっているか

Part4 意思決定のための基礎知識

Part5 自己実現への挑戦

Part 1

いま世界に何が起こっているか

1章　ポスト資本主義社会への転換

われわれが経験しつつあるものは何か

西洋では数百年に一度、際立った転換が起こる。世界は歴史の境界を越える。社会は数十年をかけて、次の新しい時代のために準備をする。世界観を変え、価値観を変える。社会構造を変え、政治構造を変える。技術と芸術を変え、機関を変える。やがて五〇年後には、新しい世界になる。

この境界を越えた後の世代にとって、祖父母の生きた世界や父母の生まれた世界は、想像することのできないものになる。われわれは今、再びそのような転換を経験しつつある。この転換が、ポスト資本主義社会を創造しつつある。

そのような転換は、一三世紀にも見られた。当時、ヨーロッパ社会は、ほとんど一夜にして、都市中心の社会となった。社会勢力としてギルドが登場し、遠距離貿易が復活した。都市的な新しい建築としてゴシック様式が興った。新画派としてシエナ派が興った。知恵の源泉はアリストテレスに移り、文化の中心は、田舎の孤立した修道院から都市の大学に移った。宗教、学問、精神の担い手として、都市型の修道会ドミニコ会とフランシスコ会が登場した。数十年後には、ダンテが文学を生み、言語はラテン語から各地言語へと重心が移った。

その二〇〇年後、一四五五年のグーテンベルクによる印刷革命と一五一七年のルターによる宗教改革の間の六〇年間に、次の転換が起こった。一四七〇年から一五〇〇年にかけてフィレンツェとヴェネツィアにおいて絶頂期を迎えたルネッサンスがあり、古代の再発見があった。アメリカ大陸の発見があり、ローマ軍団以降初の常備軍となるスペイン歩兵軍団の創設があった。解剖学をはじめとする科学的探究の再発見があった。アラビア数字の普及があった。このときも、一五二〇年以降の世代にとって、父母の生まれた世界は想像もできないものになった。

次の転換では、産業革命が起こり、資本主義と共産主義が現われた。一八〇九年には、最初の近代大学、ベルリン大学が設立された。普通教育が始まった。ユダヤ人の解放があった。一八一五年には、ロスチャイルド家が王侯の影を薄くする存在となった。この四〇年は、新しい文明を生み出した。再び、一八二〇年以降の世代にとって、父母の生まれた世界は想像することもできないものになった。

転換後の社会

今日、再び転換のときが訪れた。しかし、今度の転換は西洋のものではない。それどころか、もはや西洋の歴史も西洋の文明も存在しえないことこそ、根本的な変化である。存在するのは、西洋化されてはいるかもしれないが、あくまでも世界の歴史と世界の文明である。

明らかに、われわれはこの転換期にある。もしこれまでの歴史どおりに動くならば、この転換は、二〇一〇年ないし二〇二〇年までは続く。しかもこの転換はすでに、世界の社会、政治、経済、倫理の様相を大きく変えた。一九九〇年に生まれた者が成人に達するころには、父母の生まれた世界は、想像もできないものになっているだろう。

中世からルネッサンスを経て近代をもたらした転換、すなわち一四五五年に始まった転換の存在が理解されるには、転換が始まってから五〇年以上を待たなければならなかった。コペルニクスが『コメンタリー』を書いたのは、一五一〇年から一四年にかけてだった。マキャベリが『君主論』を書いたのは、一五一三年だった。ミケランジェロが、ルネッサンスのすべてを統合しかつ超越する絵画をシスティナ礼拝堂の天井に描いたのは、一五〇八年から一二年にかけてだった。トレント公会議がカトリック教会を再建したのは、一五四〇年代だった。

今からおよそ二〇〇年前、アメリカの独立とともに始まった次の転換を最初に理解し、分析したのは、その六〇年後、アレクシス・ド・トクヴィルの『アメリカの民主政治』上下二巻だった（上巻は一八三五年、下巻は一八四〇年に刊行された）。

われわれは今、ポスト資本主義社会へと移行し、ようやく、これまでの資本主義と国民国家の時代における社会、経済、政治の歴史を検証し、修正できるところまできた。

転換後の社会がどのようなものとなるかを予見することは、いまだ危険である。しかし、どのような新しい問題が出てくるか、どこに新しい大きな問題が存在するかについては、すでにある程度の確度で知ることができる。多くの分野において、われわれは何がうまく機能していないかを明らかにすることもできる。

答えの多くは、いまだ時の彼方に隠れている。価値、信条、社会構造、経済構造、政治構造、さらにいえば世界観を含む現在の再編から生まれてくる世界は、今日誰も想像できないものとなる。

とはいえ、いくつかの分野、特に社会とその構造に関しては、すでに基本的な変化が起こっている。これからの社会が、資本主義社会でも、社会主義社会でもないことはたしかである。その主たる資源が、知識であることもたしかである。つまりそれは、組織が大きな役割を果たす社会たらざるをえないということでもある。

何が産業革命をもたらしたか

一七五〇年から一九〇〇年までの一五〇年間に、資本主義と技術革新は世界を征服し、新しい世界文明をもたらした。資本主義と技術革新そのものは新しくなかった。いずれも、あらゆる時代を通じ、洋の東西を問わずあらゆる地域で見られた。

しかし、この一五〇年間の資本主義と技術革新は、その伝播の速度と、文明、階層、地理を超えたその到達度において例がなかった。まさに、この伝播の速度と到達度こそが、資本主義をまさに資本主義に変え、一つの体制に変え、技術革新を産業革命に変えた。

この転換は、知識の適用によってもたらされた。東西両洋において、知識とは常に存在に関わるものだった。ところが一夜にして、それが行為に関わるものとなった。知識は資源となり、実用となった。常に私的な財であった知識が、ほとんど一夜にして公的な財になった。

第一の段階として、知識は一〇〇年にわたって、道具、工程、製品に適用された。その結果、産業革命が生まれた。同時に、カール・マルクス（一八一八〜一八八三年）のいわゆる疎外、階級闘争、共産主義がもたらされた。

第二の段階、すなわち一八八〇年ごろに始まり、第二次大戦の末期を頂点として、知識は装いを新たにし、仕事に適用された。その結果、生産性革命がもたらされた。この七五年間において、プロレタリア階級は、上流階級に匹敵した所得を手にするブルジョワ階級となった。こうして生産性革命が、階級と闘争と共産主義を打ち破った。

第三の段階として、第二次大戦後、知識は知識そのものに適用されるようになった。それがマネジメント革命だった。知識は、土地と資本と労働をさしおいて、最大の生産要素となった。

しかしまだ、われわれの時代を知識社会と呼ぶのは尚早である。傲慢でさえある。われわれは、いまだ知識経済をもつにすぎない。とはいえ、われわれの社会が、すでに資本主義社会でないことは間違いない。

資本主義は、人類の歴史を通じて、東西両洋において、形を変えて何度も現われた。同じように、技術上の発明と革新が多く見られた時代も、幾度となくあった。だが、最近二五〇年間の発展が前例のない特異なものであったのは、ひとえにその速度と到達度においてである。

かつて形を変えて何度も現われた諸々の資本主義は、いずれの社会においても、その社会の一要素にすぎなかった。これに対し、一七五〇年以降の資本主義は、社会そのものとなった。かつての資本主義が、いずれもごく限定された地域でしか見られなかったのに対し、この資本主義は、一七五〇年から一八五〇年までのわずか一〇〇年間に、西ヨーロッパと北ヨーロッパの全域に広がった。さらにその五〇年後には、全世界に広がった。

しかもかつての資本主義は、社会のごく一部の階層に限定されていた。貴族、地主、軍人、農民、専門職、職人、そして肉体労働者さえ、資本主義とは無関係だった。ところが、一七五〇年以降の資本主義は、その伝播したあらゆる社会において、あらゆる階層に浸透し、変革をもたらした。

これに対し、新しい道具、新しい材料、新しい穀物、新しい技能などいわゆる今日の技術は、旧世界では、大むかしからかなりの速さで広く普及していた。たとえば、一三世紀に発明された眼鏡ほど急速に普及したものは、現代の発明でさえあまり例がない。

フランシスコ会修道士のイギリス人、ロジャー・ベーコンが行った光学実験によって一二七〇年ごろに生まれた老眼鏡は、早くも一二九〇年にはアヴィニョンの法王庁で使われ、一三〇〇年にはカイロのサルタンの宮廷で、一三一〇年にはモンゴルの皇帝の宮廷で使われた。

これに匹敵する速さで普及した現代の発明は、一九世紀に発明されたミシンと電話ぐらいだった。

しかしむかしの技術革新は、ほとんど例外なく、一つの技能、一つの適用にとどまっていた。ベーコンの発明が、第二の適用、すなわち近眼用の眼鏡を生むには、一五〇〇年代まで、二〇〇年待たなければならなかった。あるいは、陶器は、紀元前一五〇〇年にはロクロによって作られていた。だがロクロの原理が、糸紡ぎという婦人の仕事に適用されるようになったのは、紀元後一〇〇〇年のことだった。

今度の産業革命では、あらゆる発明が、世界中において、あらゆる技能、産業でただちに利用されるようになった。それらの発明は、ただちに広く使われる新技術となった。

知識の意味が変わった

原因が一つであったり、その説明が一つですむ歴史上の事件は珍しい。すでにわれわれは、ヘーゲルやマルクスなど一九世紀の理論、厚顔きわまりない単純論の誤りを知っている。歴史上の事件は、たがいに関係のない数多くの発展の合成である。

単なる資本主義を体制としての資本主義に変え、技術革新を産業革命にしたものも、たがいに関係のない独立した事象の合成だった。

今世紀初頭、ドイツの社会学者マックス・ウェーバー（一八六四～一九二〇年）は、資本主義をプロテスタントの倫理の落とし子とした。もちろんこの有名な説は、今日では信憑性を失っている。根拠がない。むしろ、巨額の資本を必要とする蒸気機関が動力源となった結果、もはや職人が主たる生産手段を自ら所有できなくなり、生産手段の支配権を資本家に譲らざるをえなくなったために、資本主義が生まれたとするカール・マルクスの説のほうが、若干なりとも根拠がある。


しかし、資本主義と技術革新が、世界的な現象となるうえで欠かせない決定的に重要な要件が一つあった。それは、一七〇〇年ごろかその少し後、ヨーロッパで広まった知識の意味における急激な変化だった。

われわれが知ることのできるもの、及びそれらを知るための方法についての理論は、紀元前のプラトンから、ルートヴィッヒ・ヴィトゲンシュタイン（一八八九～一九五一年）やカール・ポパー（一九〇二～一九九四年）にいたるまで、形而上学の理論家の数と同じだけある。しかしプラトンの時代以降、知識そのものの意味については、長い間、理論は二つしか存在しなかった。

プラトンの伝える賢人ソクラテスは、知識の役割は、自己認識、すなわち自らの知的、道徳的、精神的成長にあるとした。一方、ソクラテスのライバル、哲人プロタゴラスは、知識の役割は、何をいかに言うかを知ることにあるとした。プロタゴラスにとって、知識とは論理、文法、修辞、すなわちやがて中世において学習の中核に位置づけられることになった三大教養科目、今日のいわゆる一般教養を意味していた。

東洋においても、知識の機能については、同じように二つの考えしか存在しなかった。儒教では、知識とは何をいかに言うかを知ることであり、人生の道だった。これに対し、道教と禅宗では、知識とは自己認識であり、知恵に至る道だった。

このように、東西両洋において知識が意味するものについて二派の対立があったものの、知識が意味しないものについては完全な一致があった。知識は、行為に関わるものではなかった。知識は、効用ではなかった。効用を与えるものは、知識ではなかった。それは技能だった。ギリシャ語にいうテクネだった。中国の儒家が、書物による学習以外のものをすべて徹底的に軽侮したのに対し、同時代人のソクラテスやプロタゴラスはテクネを尊重していた。しかし彼らにとっても、テクネはいかに尊重すべきものであっても、知識ではなかった。

そもそもテクネは、常に特定の範囲に適用され、一般法則を伴わなかった。ギリシャ―シチリア航路について船長が知っていることは、他に応用できなかった。しかも、テクネを学ぶ唯一の方法は、徒弟となり、経験を積むことだった。テクネは、言葉や文字では説明できなかった。身をもって示すものだった。

西暦一七〇〇年か、あるいはさらに遅くまで、イギリスにはクラフト（技能）という言葉がなく、ミステリー（秘伝）なる言葉を使っていた。技能をもつ者はその秘密の保持を義務づけられ、技能は徒弟にならなければ手に入らなかった。手本によって示されるだけだった。

産業革命の本質

ところが一七〇〇年以降、わずか五〇年間に、テクノロジー（技術）が発明された。まさにテクノロジーという言葉そのものが象徴的だった。それは、秘伝の技能たるテクネに、体系を表わす接尾語ロジーを付けた言葉だった。

この技能から技術への劇的な変化を示す偉大な記録、人類史上もっとも重要な書物の一つが、一七五一年から七二年にかけて、ドゥニ・ディドロ（一七一三～一七八四年）とジャン・ダランベール（一七一七～一七八三年）が編纂した『百科全書』だった。この書は、技能に関するあらゆる知識を体系的にまとめ、徒弟にならなくとも技能技術者になれることを目指していた。

しかも、紡ぎや織りなどの技能を説明するこの『百科全書』の各項目が、技能をもつ職人たち自身の手で書かれなかったのは偶然ではなかった。それを書いたのは情報の専門家、すなわち、分析、数学、論理学の能力をもつ者たちだった。ヴォルテールやルソーが執筆者だった。『百科全書』の思想は、道具、工程、製品など物質世界における成果は、技能とその体系的応用によって生み出されるとするものだった。『百科全書』は、一つの技能において成果を生む原理は、他の技能においても成果を生むと説いた。その説は、当時の知識人や職人にとっては異端の考えだった。

しかし、一八世紀の技術学校の中に、新しい知識の創造を目的としたものは一つとしてなかった。『百科全書』もそうだった。科学を道具、工程、製品に適用すること、すなわち技術への適用について論じる者はいなかった。そのような考えが実現するには、さらに一〇〇年、一八三〇年まで待たなければならなかった。ドイツの化学者ユストゥス・フォン・リービヒ（一八〇三～一八七三年）が、科学的知識を利用して、人工肥料の製造や動物性蛋白質の保存法を発明するまで待たなければならなかった。

だが、おそらく歴史的には、リービヒの偉業よりも、初期の技術学校や『百科全書』が行ったことのほうが重要だった。数千年にわたって発展してきたテクネ、すなわち秘伝としての技能が、初めて収集され、体系化され、公開された。技術学校や『百科全書』は、経験を知識に、徒弟制を教科書に、秘伝を方法論に、作業を知識に置き換えた。これこそ、やがてわれわれが産業革命と呼ぶことになったもの、すなわち、技術によって世界的規模で引き起こされた社会と文明の転換の本質だった。

この知識の意味の変化こそ、その後の資本主義を必然とし、支配的な存在にしたものだった。とりわけ、こうしてもたらされた技術変化のスピードのために、職人では賄えないほどの資金需要が生じた。さらに技術は、生産の集中すなわち工場を必要とした。技術は、数千、数万にのぼる職人の作業場には適用できない。技術は、生産が一つの屋根の下に集中されて、初めて適用できた。

新しい技術は大規模な動力源を必要としたが、水力や蒸気力は分散できなかった。とはいえ動力源の問題は、重要ではあっても二義的だった。肝心な点は、生産活動がほとんど一夜にして、技能中心から技術中心になったことだった。こうして一夜にして、資本家が経済と社会の中心に入り込んできた。それまで、資本家は脇役にすぎなかった。

一七五〇年にいたってなお、大規模な事業体は私有ではなく国有だった。旧世界において、最初に生まれ、かつ数世紀にもわたって最大規模を誇っていた工場は、ヴェネツィア共和国政府所有の兵器工場だった。マイセンやセーヴルの磁器工場も国有だった。

ところが一八三〇年には、民間の大資本家が所有する事業が産業の中心となった。その五〇年後、カール・マルクスが死んだ一八八三年には、民間の資本家が所有する事業が全世界を席巻していた。

産業革命と資本主義に対する抵抗は世界中で見られた。イギリスの各地、あるいはドイツのシレジアで暴動が起こった。しかし、それらの抵抗は特定の地域に限られ、数週間か、長くとも数か月しか続かなかった。体制としての資本主義の拡大とその速度を緩めることはできなかった。

この前例のない転換の速度が、新たな秩序の誕生をめぐる社会的緊張と対立をもたらした。しかし今日われわれは、一九世紀初頭の工場労働者が、工業化以前の労働者よりも生活水準が低く、辛い生活を送らざるをえなかったという一般化した通念が、事実に反することを知っている。生活は辛かった。だが、彼らが工場に群がっていったのは、そのほうが田舎社会の底辺にとどまるよりも楽になるからだった。事実彼らは、以前よりも高い生活水準を手に入れた。

工業化は最初から、マルクスのいう窮乏化ではなく、物質的な改善を意味した。変化のスピードは速かった。したがって、その変化のスピードゆえの傷は避けられなかった。

マルクスによれば、新しい階級としてのプロレタリアは、疎外され搾取され続けるはずだった。彼らプロレタリアは、資本家が所有し支配する生産手段に依存せざるをえなかった。やがて所有は、さらに少数の、より巨大な手に握られ、無力なプロレタリアはさらに窮乏化していく。しかしついには、それら少数の資本家も、自らの鎖以外に失うべきものがないプロレタリアによって打ち倒され、システム自体が自らの重みで崩壊する。

今日では、このマルクスの予言が間違っていたことが明らかである。実際には、まったく正反対のことが起こった。ただし、それは今だから言えることにすぎない。彼の時代に生きた者のほとんどが、たとえその帰趨についてまでは考えを同じにしていなかったとしても、少なくとも資本主義そのものについては同じ見方をしていた。反マルクス主義者でさえ、資本主義に内在する矛盾を指摘するマルクスの分析を受け入れていた。

マルクス主義はなぜ失敗したのか

それでは、何がマルクスとマルクス主義を打ち破ったのか。一九五〇年までに、われわれの多くにとって、マルクス主義の人道的な失敗と経済的な破綻は明らかだった。私自身、すでにこのことを拙著『経済人の終わり』（一九三九年）で指摘していた。

それでもなおマルクス主義は、世界中でもっとも首尾一貫したイデオロギーだった。それは一見、無敵だった。たしかに反マルクス主義者はいた。だが非マルクス主義者、すなわち、今日世界中のほとんどの人たちが知っている意味において、マルクス主義に何らの意味も見出さないという者はいなかった。社会主義に反対する者でさえ、社会主義が一つの大きな潮流であることを認めざるをえなかった。

それでは、何が、あの資本主義固有の矛盾、プロレタリアの疎外と窮乏化、そしてプロレタリアそのものをなくしたのか。その答えが、生産性革命だった。

今から二五〇年前、知識はその意味を変え、道具、工程、製品に応用された。これが今日、ほとんどの人たちにとって技術が意味するものであり、技術系の学校が教えているものである。しかるにマルクスの死の二年前、生産性革命が始まった。一八八一年、ひとりのアメリカ人、フレデリック・ウィンスロー・テイラー（一八五六～一九一五年）が、仕事そのものの研究、分析、エンジニアリングに知識を応用した。

仕事そのものは、人類の誕生以来常にあった。実際、人類のみならず、あらゆる動物が、生きていくために仕事をしなければならない。ホメロスの叙事詩に遅れることわずか一〇〇年という、ギリシャ第二の古典たるヘシオドス（紀元前八世紀）の詩『仕事と日々』は、農民の仕事をうたっていた。ローマ時代の佳作の一つ、ヴェルギリウス（紀元前七〇～一九年）の『農耕詩』もまた、農民の仕事を繰り返しうたっていた。東洋では仕事への関心はあまり多くは見られなかったが、それでも中国の皇帝は、年に一度、田植えを祝って、自ら鋤に手をかけた。

しかし西洋でも東洋でも、仕事は単に抽象的にうたわれたにすぎなかった。ヘシオドスもヴェルギリウスも、農民の仕事を実地に観察していなかった。実に有史以来、そのようなことをした者はいなかった。

仕事は長い間、教育ある人たち、豊かな人たち、権威ある人たちの注目に値しなかった。それは、奴隷のすることだった。そして、より多くを生産するための唯一の方法は、より長く働かせるか、より激しく働かせることだった。マルクスもまた、他の一九世紀の経済学者や技術者と同じように、仕事をそのように見ていた。

豊かな家庭に育ちながら、たまたまテイラーは工場で働き始めた。視力の低下のためにハーバードへの進学をあきらめた彼は、鋳物工場に仕事を得た。すぐに職長となり、金属加工に関する発明で若いうちに富を得た。

そのテイラーを仕事そのものの分析にとりかからせたのは、一九世紀末を覆いつつあった資本家と労働者の間の憎しみだった。彼もまた、マルクスが見たもの、ディズレーリや、ビスマルクや、ヘンリー・ジェームズが見たものを見た。だが彼は、彼らが見なかったもの、すなわち対立が無用であることも見た。

彼は、労働者がより多くの収入を得られるようにするために、その生産性の向上に取り組んだ。企業のための効率の向上ではなかった。資本家のための利益ではなかった。彼は、生産性向上の果実を享受すべき者は、資本家ではなく労働者であるとの考えを貫いた。彼の動機は、資本家と労働者が、生産性の向上に共通の利益を見出し、知識を仕事に適用することによって、調和ある社会をつくることだった。今日のところ、この考えにもっとも近かったものは、第二次大戦後の日本の経営者と労働組合だけである。

テイラーの悲劇

知識に関わる歴史において、テイラーほど大きな影響を与えた者はいなかった。だが、彼ほど意図的に誤解され、その言葉が誤用された者もいなかった。彼がそのような扱いを受けたのは、彼が正しく、他の知識人が誤っていることが事実によって証明されていったからだった。彼が無視され続けたのは、特に知識人の間で、仕事に対する軽侮が尾を引いていたからだった。

たしかに、砂をシャベルですくうというテイラーが分析した仕事は、当時の教育ある者にとっては、重要と見ることはもちろん、評価することさえできないものだった。しかし、主としてテイラーを貶めた原因は、まさに彼が仕事の研究に知識を適用したことにあった。それは、特に当時の労働組合にとって、異端そのものだった。そのために労働組合は、テイラーに対し、アメリカの労働運動史上もっとも悪意にみちた人身攻撃を展開した。

労働組合にとって、彼の罪は、熟練なるものは存在しないと断言したことにあった。彼にとって、肉体労働に関しては仕事があるだけだった。そして仕事のすべてが分析可能だった。彼は、分析によってかく行うべしと示された方法に従って仕事をする者は、誰でも第一級の工員として、第一級の賃金、すなわち長年の徒弟時代を経験した熟練労働者と同額、あるいはそれ以上の賃金を得られるようになるとした。

テイラーの時代のアメリカでもっとも敬意を払われ、力を誇っていた労働組合は、兵器廠と造船所の労働組合だった。第一次大戦前には、軍需品はすべてそれらの工場で生産されていた。労働組合は技能の独占体であって、しかもそこに入れるのは組合員の子弟や縁者だった。最初の五年から七年は徒弟として扱われ、仕事の分析も体系的な訓練もなかった。書き写すことは許されず、青写真や設計図もなかった。秘密保持を義務づけられ、仕事について非組合員と話すことを禁じられた。

仕事は研究され、分析され、一連の単純反復動作に分解されるというテイラーの考えは、まさに労働組合に対する正面攻撃だった。彼らはテイラーを非難中傷するだけでなく、議会に働きかけ、兵器廠と造船所における作業分析の禁止を法制化させた。この禁止は第二次大戦後まで続いた。

テイラーはそのような状況に甘んじざるをえなかった。彼は労働組合を怒らせただけでなく、資本家とも敵対した。彼らを豚と呼ぶのが口癖だった。サイエンティフィック・マネジメント（科学的管理法）の最大の受益者は、資本家ではなく労働者でなければならないとした。資本家にとって腹立たしかったことは、彼の科学的管理法のいわゆる第四原則が、仕事の分析は、対等の立場においてではないにしても、少なくとも労働者の意見を聞いて行うべきであるとしていたところにもあった。

とどめとして彼は、工場における権威は、所有権ではなく知識の優越性に基づかなければならないとした。言い換えると、今日われわれがプロの経営者と呼ぶものを要求した。そしてまさに、この要求こそ一九世紀の資本家にとっての異端であり、異教だった。彼は、扇動家、社会主義者として攻撃された。信奉者や友人、特に右腕だったカール・バースは、札付きの左翼、筋金入りの反資本主義者とされた。

「教育訓練」が生産性を爆発的に増大させた

テイラーのもたらした最大の福音は、教育訓練にあった。わずか一〇〇年前、アダム・スミスは、ボヘミアやザクセンの楽器製造、スコットランドの絹織物を例に引き、高度な製品の製造に必要な技能を手に入れるには、少なくとも五〇年、多くの場合一〇〇年の年月を要するとしていた。

その七〇年後の一八四〇年、イギリス以外の国で初めて蒸気機関をつくったドイツ人、アウグスト・ボルジヒ（一八〇四〜一八五四年）が、工場での経験と、学校で学んだ理論とを結合し、今日も続いているドイツの徒弟制度を発明した。今日にいたるもなお、この徒弟制度がドイツ製造業の生産性を支えている。だが、このボルジヒのもとでさえ、熟練工の養成には三年から五年を要した。

ところがアメリカは、第一次大戦中、そして特に第二次大戦中、数か月で第一級の工員を養成するために、テイラーの方法論を体系的に導入していった。このことは、日本やドイツとの戦争に勝利するうえで、最大の要因となった。

第二次大戦前の経済大国のすべて、すなわちイギリス、アメリカ、ドイツは、新技術におけるリーダーシップによって勃興した。これに対して日本を筆頭に、韓国、台湾、香港、シンガポールと続くことになったアジア諸国は、テイラーの訓練によって勃興した。これらの国々は、テイラーの訓練のおかげで、工業化以前の低賃金の労働力に対し、ほとんどただちに世界一流の生産性を与えることができた。こうして第二次大戦後、テイラーの方法論を基礎におく訓練は、経済発展のための唯一の原動力となった。仕事への知識の適用が、生産性を爆発的に増大させた。

物を作ったり運んだりする労働者の能力は、数百年にわたってまったく進歩していなかった。機械化は生産能力の増大をもたらしていたが、働く者自身は、古代ギリシャの作業場、ローマ帝国の道路づくり、ルネッサンス時代のフィレンツェに富をもたらした毛織物づくりと比べ、何ら生産性を向上させていなかった。

テイラーが知識を仕事に適用した数年後、肉体労働者の生産性が年率三・五％ないし四％で伸び始めた。この数字は、一八年で倍増することを意味した。その結果、あらゆる先進国において、テイラー以降から今日までに、生産性は約五〇倍に増加した。この前例のない生産性の伸びが、先進国における生活水準と生活の質の向上をもたらした。それら先進国における生産性の伸びの成果の半分は、購買力の増大、すなわち生活水準の向上をもたらした。三分の一は、自由時間の増大をもたらした。

一九一〇年に至っても、労働者ははるかむかしと同じように、年間三〇〇〇時間以上働いていた。今日では、日本でさえ年間二〇〇〇時間、アメリカは約一八五〇時間、ドイツは一六〇〇時間しか働いていない。その彼らが、一時間当たり、八〇年前の五〇倍以上を生産している。

生産性の伸びの成果は医療や教育にも現れた。かつてGNPのほとんどゼロ％だった医療費が、先進国では八％から一二％に増大した。GNPの二％だった教育費が、一〇％以上に増大した。こうして生産性の伸びのほとんどは、テイラーが予言したように、労働者、つまりマルクスのいうプロレタリアの分け前となった。

ヘンリー・フォード（一八六三～一九四七年）は、一九〇七年、最初の低価格車T型フォードを世に出した。だが「低価格車」というのは、今日の双発自家用機並だった当時の他の自動車の価格と比べての話にすぎなかった。七五〇ドルの価格は、諸手当なしの日給八〇セントがかなりの高賃金だった当時の工場労働者にとっても、三年から四年分の収入に相当した。当時アメリカでは、医者さえ、めったに年間五〇〇ドル以上は稼げなかった。しかし今日、アメリカ、日本、ドイツにおいて、労働組合に入っている自動車労働者はより短い労働時間で、低価格車八台分の年収を得ている。

マルクス主義失敗の根本原因

一九三〇年までに、テイラーの科学的管理法は、労働組合と知識人の強い抵抗にもかかわらず、あらゆる先進国に行き渡った。その結果、マルクスのプロレタリアはブルジョアになった。資本家ではなく、製造業のブルーカラー労働者いわゆるプロレタリアが、資本主義と産業革命の受益者となった。マルクスが一九〇〇年までに革命が起こると予言した先進国において、マルクス主義が完全に失敗した原因はここにあった。また、一九一八年以降、第一次大戦によって困窮、飢餓、失業に見舞われた中欧諸国において、革命が起こらなかった理由もここにあった。レーニン、スターリン、そして事実上あらゆるマルクス主義者の確信と期待に反し、大恐慌が共産革命をもたらさなかった理由もここにあった。マルクスのプロレタリアは、富裕にはなっていないにせよ、すでに中流になっていた。彼らは生産性の高い存在になっていた。

ダーウィン、マルクス、フロイトといえば、近代社会をつくった人間としてよく引き合いに出される三人組である。だが公正さというものがあるならば、マルクスの代わりにテイラーを入れるべきである。とはいえ、テイラーが正当な評価を受けていないことは、ささいな問題にすぎない。深刻な問題は、この一〇〇年間における生産性の爆発的な向上をもたらし、先進国経済を生み出したものが仕事への知識の適用だったという事実を、ほとんどの者が認識していないところにある。

技術者は機械のおかげと言い、経済学者は設備投資のおかげと言う。だがそれらはいずれも、資本主義の時代の最初の一〇〇年間、すなわち一八八〇年以前においても、それ以降今日に至ると同じように豊富に存在していた。技術や資本に関しては、最初の一〇〇年も、次の一〇〇年もほとんど変わっていない。

ところが最初の一〇〇年間、労働者の生産性はまったく増大しなかった。その結果、労働者の実質所得はほとんど増加せず、労働時間もほとんど減少しなかった。あとの一〇〇年間を決定的に違うものとしたのは、知識の仕事への適用の結果だったとしか説明できない。

新しい階級、ポスト資本主義社会における知識労働者の向上もまた、知識の仕事への適用によって初めて実現する。機械と資本だけでは、彼らの生産性をあげることはできない。機械と資本を投入しただけでは、生産性をあげるどころか阻害するだけである。

テイラーが活躍し始めたころ、労働者の一〇人に九人は、肉体労働、すなわち製造業、農業、鉱業、輸送業において、物を作ったり運んだりしていた。今日でも、物を作ったり運んだりする人たちの生産性は、かつてと同じように、年率三・五％から四％伸びている。アメリカやフランスの農業では、さらに高率で伸びている。しかし、この生産性革命も終わった。

四〇年前の一九五〇年代、物を作ったり運んだりする人たちは、先進国においても過半を占めていた。ところが一九九〇年には、労働力人口の五分の一まで縮小した。二〇一〇年には、おそらく一〇分の一以下になる。したがって、製造業、農業、鉱業、輸送業における肉体労働者の生産性の向上は、もはやそれだけでは富を増大させることはできない。生産性革命は、まさに生産性革命そのものの成功の犠牲となった。今後問題となるのは、非肉体労働者の生産性のほうである。そしてそのためには、知識の知識への適用が不可欠となる。

一九二六年、私が中等教育を終えた後、大学へ行かずに働きに出ることを決めたとき、父は失望した。家は代々、法律家か医者だった。しかし父は、私をドロップアウト（落伍者）とは見なかったし、私の気持ちを変えさせようともしなかった。それに、私がひとかどにはなれそうもないとも言わなかった。私はすでに、大人として働くことを望む責任ある大人になっていた。

その私が三〇年後、私と同じように早く大人の仲間入りをしたがっていた一八歳の息子に向かって、大学に行くことを勧めた。息子も、父親である私と同じように、それまでの一二年間の学校生活ではほとんど何も学べなかったと思っていた。あと四年学校で過ごしても、何かを学べる可能性はあまりないと感じていた。彼も、むかしの私と同じように、学習志向ではなく、行動志向だった。

高卒の私は、商社で仕事を得るのに苦労はしなかった。だが三〇年後の商社は、高卒を見習いとして採らなくなっていた。あと四年大学に行き、できれば大学院まで行ってから来てください、と異口同音に言った。

一八七六年生まれの私の父親の時代には、大学とは、裕福な子供や、貧乏でも特に頭のよい子供の行くところだった。一九世紀のアメリカで実業人として成功した者のうち、大学へ行ったことのあるのは、数学を学ぶためにゲッティング大学に行き、一年で退学したJ・P・モルガンだけだった。高校を卒業するどころか、高校へ行ったことのある者さえわずかだった。

私の時代には、大学へ行くことはすでに望ましいことになっていた。それは社会的な地位を与えた。しかしそれでも、仕事や人生にとって、必要不可欠でも、大きな助けになるものでもなかった。私が初めて大企業の研究を行ったころ、GM（ゼネラル・モータース）では、広報セクションが、トップ経営陣のかなりの数が大卒であることを隠そうとしていた。当時は、機械工として出発し、昇進していくことが望ましいとされていた。

一九五〇年ないしは六〇年に至ってなお、アメリカ、イギリス、ドイツでは（日本ではすでにそうではなくなっていたが）、一家をかまえる早道は、大学へ行くことではなく一六歳で大量生産工場に入ることだった。そうすることによって、数か月後には、一人前の労働者として生産性革命の成果たる中流の所得が得られた。

しかし、そのような道はもうほとんどない。今日では、体系的な知識の所有を証明する学位なるものをもたないかぎり、中流の所得を得る道はほとんどない。

知識が経済の中心になった

二五〇年前に始まった知識における意味の変化が、再び社会と経済を大きく変えつつある。今や正規の教育によって得られる知識が、個人の、そして経済活動の中心的な資源である。今日では、知識だけが意味ある資源である。もちろん伝統的な生産要素、すなわち土地（天然資源）、労働、資本がなくなったわけではない。だが、それらは二義的な要素となった。それらの生産要素は、知識さえあれば入手可能である。しかも簡単に手に入れられる。

もちろん、そのような新しい意味における知識とは、効用としての知識、すなわち社会的、経済的成果を実現するための手段としての知識である。この変化は、それが望ましいかどうかは別として、もはや元に戻すことのできない一つの変化、すなわち知識を知識に適用した結果である。これが知識の変化の第三段階、おそらくは最終段階である。

つまるところ、成果を生み出すために、既存の知識をいかに有効に適用するかを知るための知識がマネジメントである。しかも今日、知識は、「いかなる新しい知識が必要か」「その知識は可能か」「その知識を効果的にするためには何が必要か」を明らかにするうえでさえ、意識的かつ体系的に適用されるようになっている。知識はイノベーションにも不可欠である。

知識に関わるこの変化の第三段階は、マネジメント革命と名づけられる。今日、すでにこのマネジメント革命が、前の二つの変化、道具、工程、製品への知識の適用、及び仕事そのものへの知識の適用と同じように、全世界を席巻しつつある。産業革命が世界中で支配的な流れとなるには、一八世紀中葉から一九世紀中葉までの一〇〇年を要した。生産性革命の場合には、一八八〇年から第二次大戦末期までの七〇年を要した。しかし今度のマネジメント革命は、一九四五年から一九九〇年までの五〇年に満たない期間しか要しなかった。

マネジメントとは何か

多くの人にとって、マネジメントと言えば企業経営を意味する。だがそれは、単にマネジメントが最初に現われたのが大企業だったからにすぎない。五〇年ほど前、マネジメントの研究に取り組んだとき、私も企業のマネジメントに焦点を当てていた。

しかしやがて、企業であれ企業以外であれ、あらゆる近代組織において、マネジメントの必要性が明らかになっていった。事実、われわれは、NPOであれ政府機関であれ、企業以外の組織においてこそ、マネジメントがいっそう必要とされることを知るに至った。それは、それらの組織が、まさに企業の基礎たる決算という規律を欠いているからである。

マネジメントが企業に限定されないことが最初に認識されたのはアメリカだった。今日、この認識は、あらゆる先進国において受け入れられている。今やわれわれは、マネジメントが、その組織の使命に関わりなく、組織に備わるべき特有の機能であり機関であることを知っている。したがって、マネジメントは知識社会そのものにとって不可欠のものである。

マネジメントは、大むかしからいたるところに存在してきた。私はよく、もっとも優れたもっとも偉大な経営者は誰か、と聞かれる。それに対して、四〇〇〇年前に初めてピラミッドを構想し、設計し、建設した人であると答えている。

しかしマネジメントが、それ自体一つの仕事であるということが理解され始めたのは、第一次大戦後のことである。体系としてのマネジメントが現われたのは、第二次大戦後のことである。世界銀行が初めて経済開発のための融資を行った一九五〇年にいたってなお、マネジメントという言葉は世界銀行では使われていなかった。実際、マネジメントは、数千年もむかしに発明されていたにもかかわらず、発見されたのは第二次大戦後だった。

マネジメントは、第二次大戦の経験と当時のアメリカの産業活動を通じて発見された。それが広く受け入れられるうえで、一九五〇年以降の日本の産業活動が重要な役割を果たした。第二次大戦直後の日本は、低開発国ではなかったが、産業と経済は完全に破壊され、事実上いかなる新技術もなかった。日本にとって唯一の資源は、第二次大戦中アメリカによって開発されたマネジメント（特に教育訓練）を導入し、適用しようとする熱意だけだった。だが、占領が終わった五〇年代から七〇年代の二〇年間に、日本は世界第二位の経済大国となり、技術先進国となった。

五〇年代の初めに朝鮮戦争が終わったとき、韓国は、その七年前の日本よりもさらに破壊がひどかった。しかも韓国は、第二次大戦前の三五年間に及ぶ日本による占領の間、企業活動と高等教育を抑えられていた。そのため、朝鮮戦争終結時において、韓国は発展途上国以外の何ものでもなかった。その韓国が、優秀な青年をアメリカに留学させ、またマネジメントを輸入し利用することによって、わずか二五年間で先進国となった。

マネジメントが広範かつ強力に普及していった結果、マネジメントの真の意味が理解されるようになった。第二次大戦中とその直後、私が初めてマネジメントについて研究を始めたころ、経営管理者とは、「部下の仕事に責任をもつ者」と定義されていた。換言すれば、ボスだった。地位と権力を意味した。

今日にいたるも、多くの人が、マネジメントというと、おそらく心に描くであろう定義が、これである。しかし五〇年代の初めにはすでに、経営管理者とは、「他の人間の働きに責任をもつ者」と定義されるようになっていた。しかも今日、われわれは、この定義さえ、あまりに狭義であることを知っている。正しくは、「知識の適用と、知識の働きに責任をもつ者」である。

このような定義の変化は、知識が中心的な資源と見られるようになったことを意味する。今日では、土地、労働、資本は、制約条件でしかない。それらのものがなければ、知識といえども、何も生み出せない。経営管理者がマネジメントの仕事をすることもできない。だがすでに今日では、効果的なマネジメント、すなわち知識の知識に対する適用が行われさえすれば、他の資源はいつでも手に入れられるようになっている。

知識が単なるいくつかの資源のうちの一つではなく、資源の中核になったという事実によって、われわれの社会はポスト資本主義社会となる。この事実は、社会の構造を根本から変える。新しい社会の力学を生みだし、新しい経済の力学を生む。そして新しい政治を生む。

新しい社会を創造する力

社会の重心が知識へ移行していった三つの段階、すなわち産業革命、生産性革命、マネジメント革命の根底にあったものが、知識における意味の変化だった。こうしてわれわれは、一般知識から専門知識へと移行してきた。かつての知識は一般知識だった。これに対し、今日知識とされているものは、必然的に高度の専門知識である。

これまで専門知識をもつ人間について論じられたことはなかった。これまで論じられてきたのは、教育ある人間、教養人だけだった。教育ある人間とはゼネラリストだった。いろいろなことについて話し、書くために必要なことを知っていた。いろいろなことを理解するために必要なことも知っていた。しかし彼らは、何かを行うために必要なことは知らなかった。
むかしの人は言った。「夕食の客には教育のある人がよい。しかし砂漠では、教育のある人よりも何かのやり方を知っている人が必要だ。教育ある人間はいらない」。事実すでにアメリカの大学では、伝統的な教養人は、教育ある人間とさえ見なされなくなっている。そのような者は、趣味人として一段下に見られている。

マーク・トゥエイン（一八三五～一九一〇年）が一八八九年に書いた小説の主人公、コネティカット出身のヤンキーは教育ある人間ではなかった。ラテン語もギリシャ語も知らず、シェークスピアを読んだこともなく、聖書もあまり読まなかった。しかし彼は、機械のことなら電気を起こすことから電話をつくることまで、すべて知っていた。

ソクラテスにとって、知識の目的は己れを知ることであり、己れを啓発することだった。成果は心のうちにあった。ソクラテスのライバル、プロタゴラスにとって、知識の目的は、何を言うかを知り、いかに上手に言うかだった。彼にとって重要なことは、今日のいわゆるイメージだった。二〇〇〇年以上の長きにわたって、このプロタゴラスの知識の概念が西洋の学問を支配し、知識を規定した。中世の三大科目、いわゆる教養科目の基本は、論理、文法、修辞である。それらは、何を言うか、いかに言うかの道具であって、何をなすか、いかになすかの道具ではなかった。
東洋の学問と文化を数千年にわたって支配してきた禅における知識の概念と、儒教における知識の概念もまた、同じ関係にあった。前者は己れを知ることに焦点を合わせ、後者は中世の三大科目と同じように、論理、文法、修辞に相当するものに焦点を合わせた。

今や知識とされるものは、それが知識であることを行為によって証明しなければならない。今日、われわれが知識とするものは、行動のための情報、成果に焦点を合わせた情報である。その目的とするものは、人間の外、社会と経済、さらには知識そのものの発展にある。

しかもこの知識は、成果を生むために高度に専門化していなければならない。実は、古代に始まり、いまだに教養科目とされているものが、そのような知識をテクネつまり技能の地位に貶めてきた理由もここにあった。テクネであったために、それらの技能は学ぶことも教えることもできなかった。法則もなかった。具体的に専門化されすぎていた。学習できるものではなく、経験でしか得られないものだった。教育によってではなく、訓練でしか得られないものだった。

もちろん、今日われわれが使っている知識はそのような技能ではない。体系化された専門知識である。知識と技能に関わるこの変化こそ、知識の歴史における最大の変化である。体系が技能を方法論に変えた。エンジニアリングであり、科学的、定量的手法であり、医学の診断だった。それらの方法論は、個別的な経験を普遍的な体系に変えた。挿話を情報に変えた。技能を、教え学べるものに変えた。

このような一般知識から専門知識への重心の移行が、新しい社会を創造する力を知識に与える。その新しい社会は、専門知識と専門家たる知識労働者を基礎として構成される。そして、その彼らに力が与えられる。しかしそのとき、価値やビジョンや信条に関わる問題、すなわち、社会を社会とし、一人ひとりの人生を意味あるものにすることに関わるあらゆる種類の問題が生じる。さらに、まったく新しい問題が生ずる。専門知識の社会において、真に教育ある人間の要件は何かという問題である。

2章　新しい社会の主役は誰か

組織社会が直面する問題

知識社会では、専門知識が、一人ひとりの人間の、そして社会活動の中心的な資源となる。いわゆる経済学の生産要素、すなわち土地、資本、労働は、不要になったわけではないが、二義的になる。それらは、専門知識さえあれば入手可能である。しかも、簡単に手に入れられる。

とはいえ、個々の専門知識はそれだけでは何も生まない。他の専門知識と結合して、初めて生産的な存在となる。知識社会が組織社会となるのはそのためである。企業であれ、企業以外の組織であれ、組織の目的は、専門知識を共同の課題に向けて結合することにある。

歴史を参考とするならば、この転換期は、二〇一〇年ないし二〇年まで続く。したがって、現在姿を現わしつつある次の社会について、その詳細を予測することは危険である。しかし、今後いかなる問題が登場するか、いかなる領域にいかなる課題が存在するかについては、すでにかなりの程度明らかになっている。特にわれわれは、組織社会がいかなる緊張と課題に直面するかをすでに知っている。

それは、安定を求めるコミュニティと変化を求める組織の間の緊張であり、また個人と組織の間の緊張であり、両者の間の責任の関係である。あるいは、自律を求める組織のニーズと共同の利益を求める社会のニーズとの間の緊張であり、また組織に対する社会的責任の要求の高まりである。さらには、専門知識をもつ知識労働者と、チームとしての成果を求める組織との間の緊張である。

これらの緊張は、今後、特に先進国社会で中心的な問題となっていく。いずれも宣言や決議や法律で解決できる問題ではない。実際に問題が発生する場所において、すなわち一つひとつの組織において、あるいは事務所において解決しなければならない問題である。

組織は創造的破壊のためにある

社会、コミュニティ、家族は、いずれも安定要因である。それらは、安定を求め、変化を阻止し、あるいは少なくとも減速しようとする。これに対し、組織は不安定要因である。組織は、イノベーションをもたらすべく組織される。イノベーションとは、オーストリア生まれのアメリカの経済学者ジョセフ・シュンペーターが言ったように創造的破壊である。

組織は、製品、サービス、プロセス、技能、人間関係、社会関係、さらには組織自らについてさえ、確立されたもの、習慣化されたもの、馴染みのもの、心地よいものを体系的に廃棄する仕組みをもたなければならない。要するに、組織は、絶えざる変化を求めて組織されなければならない。組織の機能とは、知識を適用することである。知識の特質は、それが急速に変化し、今日の当然が明日の不条理となるところにある。

新しい組織社会では、知識を有するあらゆる者が、四、五年おきに新しい知識を仕入れなければならない。さもなければ時代遅れとなる。このことは、知識に対して最大の影響を与える変化が、その知識の領域の外で起こるようになっていることからも、重大な意味をもつ。

たとえば、グーテンベルクによる活字の発明以降、蒸気機関の印刷機への利用にいたる四〇〇年間、印刷技術には実質上大きな変化はなかった。鉄道に対する最大の脅威をもたらしたのは、鉄道輸送の変化ではなく、乗用車、トラック、航空機だった。製薬業は、今日、遺伝子工学や微生物学という、わずか四〇年前には薬学部の研究室では耳にしなかった学問体系から生ずる知識によって大きく変化している。

新しい知識を生み、古い知識を陳腐化させるものは、科学や技術とは限らない。社会的なイノベーションも同じように重要な役割を果たす。実際のところ、社会的なイノベーションのほうが大きな役割を果たすことが多い。

一九世紀の社会的機関の中でももっとも誇り高い存在だった商業銀行が、今日、世界的に危機的な状況にある。その原因となったのは、コンピュータの普及など技術に関わる変化ではなかった。古くからありながらあまり利用されなかったコマーシャルペーパーが、企業融資に利用できることを他の業界の人間が発見したことだった。そのため、商業銀行の二〇〇年に及ぶ金融独占における最大の収益源だった企業融資が奪われた。

さらに、この四〇年間における最大の変化は、技術的あるいは社会的なイノベーションが、人に教え学ぶことのできる体系になったことだった。

知識による急激な変化が起こったのは企業に限らない。第二次大戦後の五〇年間で、アメリカの軍ほど変化したものはない。軍服や階級こそ変わらなかったものの、一九九一年の湾岸戦争が劇的に示したように、兵器は一変した。軍事上の教義や概念が変わった。組織構造、指揮系統、責任の構造も大きく変化した。

学校もこれからの五〇年間で、三〇〇年前の印刷革命を上回る変化を遂げる。コンピュータ、ビデオ、衛星放送などの新技術が現われたからではない。知識社会が、知識労働者に対し、体系的な学習を一生のプロセスにすることを要求するからである。さらには、学習についての新理論が明らかになるからである。

変化のための仕組みをもつ

知識のダイナミクスは、組織に対し、一つのことを要求する。すなわち、あらゆる組織が、変化のためのマネジメントを自らの構造に組み込むことを要求する。これは、あらゆる組織が、自らが行っていることのすべてを体系的に廃棄できなければならないことを意味する。

数年ごとに、あらゆるプロセス、製品、手続き、方針について、「もしこれを行っていなかったとして、今分かっていることをすべて知りつつ、なおかつ、これを始めるか」を問わなければならない。もし答えがノーであれば、「それでは今、何を行うべきか」を問わなければならない。「再検討」などと言ってはいられない。それどころか今後ますます組織は、成功してきた製品、方針、行動について、その延命を図るのではなく、計画的な廃棄を行わなければならない。だが今日のところ、これを行っているのはいくつかの大企業だけである。

組織は新しいものの創造に専念しなければならない。具体的には、あらゆる組織が三つの体系的な活動に取り組む必要がある。第一に組織は、その行うことすべてについて、絶えざる改善、日本で言うカイゼンを行う必要がある。歴史上、あらゆる芸術家が体系的かつ継続的な自己改善を行ってきた。

改善の目的は、製品やサービスを改良し、二、三年後にはまったく新しい製品やサービスにしてしまうことである。

第二に組織は、知識の開発、すなわちすでに成功しているものについて、さらに新しい応用法を開発する必要がある。アメリカの発明たるテープレコーダーをもとに、次々と新製品を開発していった日本のあるエレクトロニクスメーカーの例に見られるように、今日のところ、日本企業がもっとも成功している。アメリカでは、教会が、成功のうえにさらに新たなものを築いていく能力を自らの強みとしている。

第三に組織は、イノベーションの方法を学ぶ必要がある。さらに、イノベーションは体系的なプロセスとして組織化することができるし、まさにそのように組織化しなければならない。

もちろん、これら三つの活動の後は、再び体系的廃棄の段階に戻り、新しいプロセスを最初から始める必要がある。そうしないかぎり、組織は急速に陳腐化し、成果をあげる能力を失い、同時に、その頼りとすべき高度の知識労働者を惹きつけ、とどめる魅力を失っていく。

迅速な意思決定に必要なもの

また組織は、変化に対応するために高度に分権化する必要がある。なぜならば、意思決定を迅速に行わなければならないからである。しかもそれらの意思決定は、成果と市場に密着し、技術に密着し、さらには、イノベーションの機会として利用すべき社会、環境、人口構造、知識の変化に密着して行わなければならない。こうして、これからの組織は、さらにコミュニティを動揺させ、解体し、不安定化させていく。

組織自身も、自らの利用する技能や専門知識を変えていく。技術系の大学は、物理学を教える体制になっているにもかかわらず、遺伝子工学を教えなければならない。銀行は、信用調査に優れているにもかかわらず、投資顧問の能力を必要とするようになる。

企業は、地域社会がその雇用を依存しているにもかかわらず、工場の閉鎖を必要とするようになる。白髪の模型製作のベテランに代えて、コンピュータ・シミュレーションに詳しい二五歳の若者を必要とするようになる。あるいは病院は、知識や技術の変化を受けて、産婦人科を産科センターとして独立させなければならなくなる。二〇〇床以下の病院が、医学上の知識、治療、技術の変化のゆえに最先端の医療サービスを提供できなくなれば、閉鎖もやむをえなくなる。

企業、病院、学校、その他あらゆる組織が、いかにコミュニティに根を下ろし、コミュニティから愛されていようと、人口構造や技術や知識の変化によって成果をあげるための条件が変われば、自らを閉鎖できなければならない。これらの変化のすべてが、コミュニティを動揺させ、混乱させ、継続性を断つ。コミュニティにとっては、それらの変化のすべてが理不尽である。コミュニティそのものを不安定にさせる。

組織には破壊的な側面がある。コミュニティに根づかなければならないが、コミュニティの一部になり切ることはできない。組織に働く者は、コミュニティに生活し、コミュニティの言葉を話す。コミュニティの学校に子供を行かせ、投票し、税金を納める。コミュニティを自らのものとする。しかしそれにもかかわらず、組織自体はコミュニティに埋没することを許されない。コミュニティの目的に従属することを許されない。組織はコミュニティを超越する。組織を規定するものは、組織がその中において機能を果たすべきコミュニティではなく、機能そのものである。

アメリカの政府職員は、いかに共産主義を嫌おうとも、中国の役人から北京の官僚主義について聞けば即座に理解する。ところがその同じ政府職員が、たとえ場所がワシントンであっても、次週のセールについて検討している食品雑貨チェーンの会議に出席させられれば、途方にくれる。

組織が機能するには、同類の他の組織と同じように組織され、マネジメントされなければならない。今日、日米のマネジメントの違いについてよく耳にする。だが日本の大企業も、アメリカの大企業と同じように機能している。ドイツやイギリスの大企業も同じである。病院の中を見れば、どの国であろうと、病院であることが分かる。学校、大学、労組、研究所、美術館、オペラハウス、天文台、大農場についてもそれは言える。

組織の価値観さえ、組織の機能によって決まる。それぞれの機能によって規定される。いずれの地であっても、病院にとっては医療が最高の価値である。学校にとっては、生徒が学習することが最高の価値である。企業にとっては、財やサービスの生産と供給が最高の価値である。組織が最高の仕事をするためには、そこに働く者が、自らの組織の行っていることが社会にとって不可欠の貢献であることを信念としていなければならない。

したがって、組織は常にコミュニティを超越する。組織の文化がコミュニティの価値と衝突するときには、組織の価値が優先する。さもなければ、組織は貢献を果たせなくなる。

むかしから、知識に境界なしという。そのため、七五〇年前に大学が生まれて以来、大学と市民との間にはたえず衝突があった。今後はそのような衝突が、いたるところで見られるようになる。組織が機能するために必要な自立性とコミュニティからの要求との衝突、組織の価値とコミュニティの価値の衝突、組織の意思決定とコミュニティの利害との衝突が見られるようになる。

組織が果たすべき責任

組織社会では、組織の社会的責任が問題となる。なぜならば、あらゆる組織が社会的な力をもつからである。あるいは、もたなければならないからである。しかも、その力は大きくなければならない。組織は、採用、解雇、昇進など人事に関わる決定権をもつ。勤務時間をはじめ、組織が成果をあげるうえで必要な規則や規律に関わる決定権をもつ。工場の立地や閉鎖に関わる決定権をもつ。価格の決定権をもつ。

組織の中には、企業よりもはるかに大きな力をもつものがある。歴史上、今日の大学ほど強大な力を与えられたものはない。入学や卒業を拒否する権限は、ひとりの人間が仕事や機会を得ることを不可能にする。同じようにアメリカでは、病院が医師に対し病院の利用を拒否することは、医師が医師としての仕事をすることを事実上不可能にする。労働組合は、組合員しか雇用をしないクローズドショップにおいて、組合入りの拒否権をもつことによって雇用機会を支配する力をもつ。

もちろん、組織がもつ社会的な力は、政治的な力によって一定の制約を受ける。それら社会的な力は、正当な手続きのもとに行使されなければならない。その正当性は、法廷において判断されることもある。

しかし、これら組織の社会的な力そのものは、政治権力によって行使されてはならない。あくまでも個々の組織によって行使されなければならない。だからこそ、組織の社会的責任が大きな問題となる。今日では、アメリカの経済学者フリードマンのように、経済的な業績こそ企業の唯一の責任であると論じても意味がない。

たしかに業績をあげられないことは、社会的に無責任である。資本のコストに見合うだけの利益をあげられない企業は、社会的に無責任である。社会の資源を浪費しているにすぎない。企業にとっては、経済的な業績が基本である。業績をあげられなければ、他のいかなる責任も遂行できない。だが、経済的な業績だけが企業の唯一の責任ではない。同じように、教育上の成果だけが学校の唯一の責任ではない。医療上の成果だけが病院の唯一の責任ではない。

力は責任を伴う。さもなければ専制となる。責任が伴わない力は退化する。成果をあげられなくなる。組織は成果をあげなければならない。組織に対する社会的責任の要求はなくならない。むしろ大きくなっていく。

幸いわれわれは、概略にすぎないが、すでに社会的責任に関わる問題への答えを知っている。組織は、従業員、環境、顧客、その他何者に対してであれ、自らが与える影響について間違いなく責任がある。これが組織の社会的責任の原則である。

加えて、今後社会は、ますますあらゆる組織に対し、すなわち企業だけでなく政府機関やＮＰＯに対しても、諸々の社会の病いに取り組むことを求めるようになる。ただし、この点に関しては慎重でなければならない。善意だけで行動することは、社会的に責任あることにはならない。組織が、本来の目的を遂行するための能力を傷つけるような責任を受け入れることは、無責任である。能力のない領域で行動することも無責任である。

明確な使命が成果を生む

今日、組織は日常的な用語である。この組織では客を中心に動く、この組織では間違いは許されないといえば、そのとおりに意味は通じる。今や、あらゆる先進国社会で、すべてではないにしても、社会的な機能のほとんどが組織によって遂行されている。

アメリカにおいて、あるいは他のいかなる国においても、組織が論じられるようになったのは第二次大戦後のことである。もっとも権威ある辞書『コンサイス・オックスフォード』の一九五〇年版にも、組織という言葉は、今日の意味では収載されていない。組織自体の存在と機能が認識されるようになったのは第二次大戦後、マネジメントが発見されてからのことである。すなわち、私がマネジメント革命と呼ぶものの後である。

組織は社会やコミュニティや家族と異なり、目的に従って設計され、規定される。オーケストラは、患者の治療はしない。病院は、患者の治療はするがベートーヴェンの演奏はしない。組織は一つの目的に集中して、初めて大きな成果をあげる。目的の多様化、分散は、企業、労組、学校、病院、教会のいずれを問わず、成果をあげるための能力を破壊する。

社会やコミュニティは多元的な存在である。それは一人ひとりの人間にとっての環境である。これに対し、組織は道具である。他のあらゆる道具と同じように、組織もまた、専門分化することによって目的遂行の能力を高める。しかも組織は、それぞれが限定された知識をもつ専門家によって構成される。したがって、組織の使命は明確であることが不可欠である。

組織の使命は一つでなければならない。さもなければ混乱する。それぞれの専門家が、自分の専門能力を中心に動くようになる。自分たちの専門能力を共通の目的に向けなくなる。逆に、自分たちの価値観を組織に押しつけようとする。焦点のはっきりした明確な共通の使命だけが、組織を一体化し、成果をあげさせる。明確な使命がなければ、ただちに組織は組織としての価値と信頼を失う。その結果、成果をあげるうえで必要な人材も手に入らなくなる。

しかし、組織への参加は自由でなければならない。事実、組織がますます知識労働者の組織となっていくにつれ、組織を離れ、他の組織へ移ることは容易になっていく。したがって組織は、そのもっとも基本的な資源、すなわち能力ある知識労働者を求めてたがいに激しく競争するようになる。

知識労働者は組織に依存しない

あらゆる組織が、「人が宝」と言う。ところが、それを行動で示している組織はほとんどない。本気でそう考えている組織はさらにない。ほとんどの組織が、無意識にではあろうが、一九世紀の雇用主と同じように、組織が社員を必要としている以上に、社員が組織を必要としていると信じ込んでいる。

しかし事実上、すでに組織は、製品やサービスと同じように、あるいはそれ以上に、組織への勧誘についてのマーケティングを行わなければならなくなっている。組織は、人を惹きつけ、引き止めなければならない。彼らを認め、報い、動機づけられなければならない。彼らに仕え、満足させられなければならない。

知識労働者と組織の関係は、まったく新しいものである。われわれはまだ、この関係を表現する適当な言葉をもたない。たとえば従業員とは、その定義からして、組織のために働くことによって組織から支払いを受ける者である。ところがアメリカでは、従業員のうちの最大の階層は、NPOのために週何時間かを働いている何百万というボランティアである。彼らもまた明らかにスタッフである。彼ら自身そう思っている。だが、無給である。

さらに、誰かに雇用されているわけではないが、事実上組織と働いている人たちが大勢いる。五、六〇年前ならば、自由業と呼ばれていたであろう人たち、そのほとんどが高度の教育を受けた専門家である人たちが、今日では自営業と呼ばれている。

従属的な地位にあって単純なサービス労働につく組織の従業員、すなわちスーパーの店員、病院の清掃人、配送トラックの運転手にとって、言葉の定義はそれほど重要ではない。彼らの地位は、その前身たるブルーカラー労働者、いわば昨日の労働者に近い。むしろそのことが、彼らが現代社会における社会問題の一つであることを示している。

労働人口の三分の一ないしは五分の二を占めるに至った知識労働者と組織の関係は、ボランティアとNPOの関係と同じようにまったく新しい状況である。彼らもまた、組織があって初めて働くことができる。したがって、組織に依存している。しかし同時に、彼らは生産手段すなわち知識を所有する。この点において独立した存在であり、高度の流動性をもつ。

もちろん彼ら知識労働者も生産の道具を必要とする。知識労働者が必要とする道具に対する投資は、いかなる肉体労働者の同じ投資よりも高額である。だがそれらの投資は、彼ら知識労働者が所有し、かつ、決して奪い取られることのない知識という生産手段を伴わない限り、生産的とはなりえない。

工場で機械を使って働くブルーカラー労働者は、指示に従って働く。彼らは、何を行うかだけでなく、いかに行うかも機械によって規定される。知識労働者もまた、コンピュータ、超音波アナライザー、天体望遠鏡などの機械を必要とする。しかし知識労働者は、仕事の行い方について機械に指示されることはない。しかも、知識労働者の財産たる知識なしに、機械は生産的たりえない。

歴史上、働く者とは、何を行うか、いかに行うか、いかなる速さで行うかを指示される存在だった。これに対し、知識労働者は事実上、監督されえない存在である。その専門について自分よりも詳しく知る者が存在するようでは、価値のない存在である。

マーケティング部門のマネジャーは、市場調査の担当者に対し、新製品のデザインや対象とする市場について、会社が何を知る必要があるかを言うことはできる。しかし社長に対し、いかなる市場調査が必要であり、それをいかに設計し、その結果をいかに読むべきかを言えるのは市場調査の担当者である。

一九八〇年代のアメリカでは、苦痛にみちたリストラの過程で、数十万とは言わずとも、数万人にのぼる知識労働者が職を失った。彼らの雇用主たる企業は買収され、合併され、解体され、整理された。だが彼らの圧倒的多数が、数か月後には、自らの知識を生かせる新しい仕事を得た。彼らの多くにとって、職探しはつらいものだった。新しい仕事を得た者の半数は所得が減り、仕事も前ほど楽なものではなくなった。しかし、彼らレイオフされた知識労働者は、自分たちが知識という名の資本を所有していることを知った。彼らは生産手段を所有していた。

彼ら以外の誰か、すなわち組織が、生産のための物的な道具を所有している。しかし、組織と知識労働者はたがいを必要とする。この新しい関係、現代社会における新しい緊張関係の存在は、もはや忠誠心は報酬だけでは得られないことを意味する。組織は、知識労働者に対し、その知識を生かすための最高の機会を提供することによって、初めて彼らを獲得できる。

ついこの間まで、われわれは労働について論じた。今日では人的資源について論じている。この変化は、「組織に対し、どのような貢献をすべきか」「知識によって、どのような貢献をすべきか」を決定する者は、一人ひとりの従業員、特に高度の知識と技術をもつ知識労働者であることを示している。

現代の組織は、知識労働者による組織である。したがって、それは同等の者、同僚、僚友による組織である。いかなる知識も、他の上位に来ることはない。知識の位置づけは、それぞれの知識に固有の優位性や劣位性によってではなく、共通の任務に対する貢献度によって規定される。現代の組織は上司と部下の組織ではない。それはチームである。

前例のない組織社会

今日の組織社会には前例がない。組織社会を構成する組織のそれぞれが、単一の目的のために設計され、高度に専門的な道具を使って成果をあげるという点で、歴史上のいかなる社会とも異なる。そして、それらの組織が、知識を知識に適用することによって成果をあげるという点でも、歴史上のいかなる社会とも異なる。

現代の組織社会は、その構造において例がない。内部に存在する緊張と問題の大きさにおいて前例がない。もちろん、それらの緊張や問題がすべて深刻であるというわけではない。すでにわれわれは、それらの緊張と問題のいくつか、たとえば組織の社会的責任については答えを知っている。しかし、正しい答えを知らない分野もある。正しい問いがなされていない分野さえある。

たとえば、継続と安定を求めるコミュニティのニーズと、イノベーターとして不安定要因たらざるをえない組織のニーズとの間の緊張関係がある。さらには、知識専門家と経営管理者の関係に関わる問題がある。いずれもが必要な存在である。前者は知識を生み出す。後者は知識を適用し、かつその知識を生産的なものにする。前者は、言葉や思想に焦点を合わせる。後者は、人間、仕事、成果に焦点を合わせる。

しかも、組織社会の基盤たる知識そのものに関わる問題がある。知識が専門分化し、その重心が専門知識へと移行していくことに伴う問題がある。しかし、組織社会においてもっとも容易ならざる最大の問題は、社会の多元化に伴う問題である。


社会が今日ほど多元化したのは六〇〇年ぶりのことである。中世は多元社会だった。当時の社会は、たがいに競い合う独立した数百にのぼるパワーセンターから成っていた。貴族領、司教領、修道院領、自由都市があった。オーストリアのチロル地方には、皇帝の天領たる自由農民領さえあった。職業別の独立したギルドがあった。国境を超えたハンザ同盟があり、フィレンツェ商業銀行同盟があった。徴税人の組合があった。独立した立法権と傭兵をもつ地方議会まであった。中世には、そのようなものが無数にあった。

しかしその後、王、さらには国家が、それら無数のパワーセンターを征服することがヨーロッパの歴史となった。あるいは日本の歴史となった。

こうして一九世紀の半ばには、宗教と教育に関わる多元主義を守り通したアメリカを除き、あらゆる先進国において、中央集権国家が完全な勝利をおさめた。実におよそ六〇〇年にわたって、多元主義の廃止こそ進歩の大義とされた。

しかるに、中央集権国家の勝利が確立したかに見えたまさにそのとき、最初の新しい組織が生まれた。大企業だった。爾来、新しい組織が次々に生まれた。同時にヨーロッパでは、中央政府の支配に服したものと思われていた大学のようなむかしの組織が、再び自治権を取り戻した。

皮肉なことに、二〇世紀の全体主義、特に共産主義は、たがいに競い合う独立した組織からなる多元主義ではなく、唯一の権力、唯一の組織だけが存在すべきであるとしたむかしの進歩的信条を守ろうとする最後のあがきだった。周知のように、そのあがきは失敗に終わった。だが、国家という中央権力の失墜は、問題の解決にはならなかった。

ここに、今日広く知られている、あるいは広く誤って伝えられている話がある。チャールズ・E・ウィルソン（一八九〇～一九六一年）は、アメリカの著名人である。彼は、世界一の大企業GMの社長兼CEOとして活躍した後、アイゼンハワー政権の国防長官を務めた。

今日、皮肉なことに彼の名は、彼が言わなかった言葉、「GMにとってよいことは、アメリカにとってよいことである」によって記憶されている。実際には、ウィルソンは一九五三年の国防長官就任時の議会における承認聴聞会で、「アメリカにとってよいことは、GMにとってよいことである」と答えたのだった。彼自身、長い間、この引用の間違いを正そうとしたが、真面目に取り合ってはもらえなかった。世間では、「もしそう言わなかったとしても、そう考えていたに違いない。むしろ、そう考えていたのでなければならない」と言われていた。

組織の使命に信念をもつ

すでに述べたように、企業、大学、病院、ボーイスカウトのいずれを問わず組織に働く者は、優れた仕事を行うために、自らの組織の使命が社会において重要な使命であり、他のあらゆるものの基盤であるとの信念をもたなければならない。この信念がなければ、いかなる組織といえども、自信と誇りを失い、成果をあげる能力を失う。

今日の先進社会の特性であり、力の源となっている社会の多元性は、単一目的の専門化した無数の組織が機能することによって、初めて可能となる。それらの組織は、専門化した独立の存在として、社会やコミュニティの全体についてではなく、狭い範囲の使命、ビジョン、価値観をもつとき、初めて大きな成果をあげる。

したがって、われわれはむかしからの問題、しかも一度も解決されたことのない問題に還る。すなわち、多元社会に関わる問題、「誰が共同の利益の面倒を見るか」「誰が共同の利益を規定するか」「誰が多元社会の諸々の組織間でしばしば対立関係に陥る目的や価値のバランスを図るか」「誰がトレードオフに関わる意思決定を行い、何をもってそれらの意思決定の基準とするか」という問題である。

中世の多元社会は、まさに、これらの問題に答えを出すことができなかったがゆえに、中央集権国家にその座を奪われた。しかし今日、その中央集権国家が、社会のニーズに応えることができずにいる。コミュニティの問題にも取り組むことができずにいる。その結果、かつての政治的な権力に関わる多元主義ではなく、機能に基づく新しい多元主義によってその座を奪われつつある。まさにこのことこそ、われわれが社会主義の失敗、強力な中央政府への信仰の挫折から考えるべきことである。

われわれが直面する課題、特に民主主義と市場経済のもとにある先進社会が直面する課題は、独立した知識組織からなる多元社会に対し、いかにして経済的な能力と、政治的、社会的な結合をもたらすかという問題である。

Part2

働くことの意味が変わった

1章　生産性をいかにして高めるか

生産性革命は終わった

生産性の急激な向上は、過去一〇〇年間でもっとも重要な社会的事件であっただけでなく、史上例のないものだった。

豊かな人々と貧しい人々は常に存在した。しかし一八五〇年に至ってなお、中国の貧しい人々は、ロンドンやグラスゴーのスラムに住む人々よりも、はっきりと分かるほどひどい状況にあったわけではない。一九一〇年当時のもっとも豊かな国の平均所得は、もっとも貧しい国の平均所得のせいぜい三倍にすぎなかった。ところが今や、余暇、教育、医療を差し引いて、なおかつ両者の間には二〇倍から四〇倍の開きがある。

生産性の急激な上昇がなかった時代には、一つの国が先進国になるには、少なくとも五〇年を要した。ところが、一九五五年までまさしく世界の遅れた国の一つだった韓国が、二〇年で先進国となった。むかしから当然のこととされていたものをかくも劇的に覆したのは、すべて一八七〇年から八〇年にかけてアメリカで始まった生産性革命のなせる技だった。

物を作ったり運んだりすることの生産性は、同じような割合でいまだに向上している。一般に信じられているのとは逆に、アメリカにおいても、日本やドイツと同じように向上している。それどころか、アメリカの農業における生産性の伸びは、いかなる時代のいかなる地域と比較しても、ずば抜けて高い。そのうえ、アメリカの製造業における生産性の向上は、絶対値で見るならば、日本やドイツの製造業よりも大きい。なぜならば、アメリカでは基礎となる数値が依然高いからである。

しかしもはや先進国では、これまでのような生産性革命は終わった。肉体労働の分野では、その生産性が決定的な要因になるほど十分な人数が雇用されていない。先進国では労働力人口の五分の一以下である。わずか三〇年前には、それが過半を占めていた。

他方、今日重要性を増してきた知識労働者の生産性はまったく向上していない。分野によっては低下してさえいる。インフレ調整後の数値で見ると、先進国のデパートの店員一人当たりの売上げは、一九二九年当時の三分の二である。一九九一年の教師は、一九〇一年の教師ほど生産的でないという意見に異論を唱える人もあまりいない。

知識労働者には、研究活動を行う科学者や心臓外科医から、製図工、小売店の店長、保険会社の保険請求処理部門で働く者まで多様な職種が含まれる。だがこのように多様な知識労働者も、彼らの生産性を向上させるうえで何が役に立たないかという点では同じである。その知識、技術、地位、給与がいかに異なろうとも、生産性を向上させるうえで、何が役に立つかという点でも同じである。

資本と技術は生産手段にすぎない

われわれが強い衝撃をもって最初に学んだことは、知識労働においては、資本は労働（すなわち人間）の代わりにはならないということである。技術も、それだけでは知識労働の生産性を高めることはできない。経済学の用語に従えば、肉体労働については、資本と技術は生産要素である。しかし知識労働については、もはやそれらは生産手段であるにすぎない。資本と技術が仕事の生産性を高めるか損ねるかについては、知識労働者がそれらを使って何をいかにするかにかかっている。仕事の目的や、使う人の技量にかかっている。

三〇年前、われわれはコンピュータが事務要員を大幅に削減すると信じていた。そのためサービス業におけるコンピュータ投資は、素材加工における機械投資と同じように行われた。ところが人の数は増えた。生産性は、実質的にはほとんど向上していない。

今日の病院は、超音波、ボディスキャナー、磁気画像装置、血液分析器、滅菌室、その他諸々の投資を行い、きわめて資本集約的な施設になっている。だがそれらの機器は、病院のスタッフをひとりも減らすことなく、逆に高給のスタッフを新たに必要としている。

実際、医療コストの世界的な増加には、病院が経済的な怪物になったことが関係している。経済学のいかなる定義に従っても、病院は高度に労働集約的であり、かつ高度に資本集約的である。そのため病院は、もはや経済的に成立しえなくなっている。だが病院の場合は、少なくともその能力は高まっている。ところが他の知識労働の分野では、投資は増え、人員は増え、コストが高くなっただけである。

医療コストの爆発は、病院の生産性を大幅に向上させることでしか食い止めることはできない。生産性の向上は、より賢く働くことでしか達成できない。ところが経済学者や技術者は、生産性向上の鍵として、より賢く働くことに主役の座を与えようとしない。経済学者は資本を主役とし、技術者は技術を主役とする。

科学的管理法であれ、インダストリアル・エンジニアリングであれ、ヒューマン・リレーションズであれ、効率エンジニアリングであれ、あるいは職務研究（フレデリック・W・テイラー自身が好んだ控え目な呼称）であれ、より賢く働くことこそが生産性向上の主役である。先進国では、資本と技術は、産業革命の最初の一〇〇年もその後の一〇〇年も同じだった。より賢く働くことが影響を与えるようになって、初めて肉体労働の生産性が急速に向上した。

肉体労働に関しては、より賢く働くことが生産性を向上させるうえで重要な鍵である。だが知識労働に関しては、それが唯一の鍵である。もちろん、知識労働におけるより賢く働くということの意味は、肉体労働の場合とは大いに異なる。

「目的は何か」を問うことが重要

フレデリック・テイラーが、砂のすくい方を通じて後に科学的管理法として結実した研究を始めたとき、彼は個々の肉体労働について、「何が目的か」を問うことなど思いもしなかった。問題としたのは、「いかに行うか」だけだった。

そのほぼ五〇年後、ハーバード大学のエルトン・メイヨー（一八八〇～一九四九年）が、後にヒューマン・リレーションズと呼ばれるようになった理論をまとめたとき、彼もまた、「何が目的か。なぜ行うか」を考えることはなかった。ウェスタン・エレクトリック社のホーソン製作所における有名な実験でも、電話機の配線を「いかにもっともよく行うか」について分析しただけだった。こうして肉体労働については、目的は常に自明のこととされていた。

これに対し、知識労働の生産性の向上を図る場合にまず問うべきは、「何が目的か。何を実現しようとしているか。なぜそれを行うか」である。手っ取り早く、しかも、おそらくもっとも効果的に知識労働の生産性を向上させる方法は、仕事を定義し直すことである。特に、行う必要のない仕事をやめることである。

古い例が、このことをよく表わしている。初期のころのシアーズ・ローバックが行っていた通信販売の注文処理のケースだった。一九〇六年から八年にかけて、シアーズは、注文に同封されてくる硬貨の勘定という手間のかかる仕事をやめた。当時は、紙幣や小切手はなく、硬貨だけだった。おおよその金額は封筒の重さで計れた。一定の範囲内で重量が注文に合えばよいことにした。注文件数の詳細な記録という時間のかかる仕事もやめた。封筒を束ねて重さを計り、一ポンドにつき注文件数四〇件と計算し、注文処理と商品発送のスケジュールを立てた。こうして、注文処理の生産性は、わずか二年で一〇倍に向上した。

ある大手の生命保険会社は、保険請求処理の生産性を最近五倍に向上させた。請求金額が特に大きな案件は別として、チェック項目を大幅に削減し、一件当たりの平均処理時間一五分を三分に縮めた。三〇項目あったチェック・リストを、今では、保険の有効期限、契約金額と請求金額、被保険者名と死亡証明書の氏名、保険金受取人の名義と請求者の氏名など五項目にした。生産性の向上が実現したのは、「何が目的か」を考えたからだった。「できるだけ安く、かつ、できるだけ早く保険金を支払うこと」という答えが容易に導きだされた。今日その保険会社では、詳しいチェックは五〇件に一件行うだけである。

ある病院では、手間とコストのかかる受診手続きを簡略化した。意識を失って運び込まれたり、出血がひどく書類を記入できない緊急患者向けの方法を、あらゆる患者に適用している。受診手続きについて「何が目的か」を検討した結果、患者の氏名、性別、年齢、住所、医療費の請求方法を知ることであるとの結論を得た。それらの情報は、患者がもってくる保険証で分かった。

もう一つ例がある。ある有名私立大学が、奨学金部門のスタッフを常勤の一一人から、年に二、三週間働く二人のパートタイマーに減らした。他の大学と同じように、この大学も学生の支払い能力に関係なく入学者を決定し、その後、奨学金申請者の授業料の減免額を決定していた。この作業は、各申請者が提出した詳細な書類を処理して行っていた。しかし実際には、一〇〇人中九五人は、ごくわずかの項目で決定していた。そこで、親の収入などいくつかの項目をチェックするだけにした。どれだけの奨学金を与えるべきかは、コンピュータが二、三秒ではじき出す。

こうして今日その大学では、二人のパートタイマーが、通常と異なる五％のケース、つまり陸上の花形選手やナショナルスカラーシップを得たなど、ごくわずかの者を選別するためだけに働いている。その後、学部長や小さな委員会が午後の数時間を使って処理している。

際立った例がもう一つある。ある多国籍企業が、戦略計画について定義をし直した例である。その会社では長年にわたって、四五人の優秀な人材からなる企画部門が、詳細な戦略シナリオを作成していた。できばえは一級品であり、一読の価値があることは誰もが認めていた。しかしそのシナリオが、会社の行動に直接影響を与えることはほとんどなかった。

新任のＣＥＯは、「何が目的か」を考えた。答えは、「将来を予測することではない。事業の方向性と目標を示し、その目標を達成するための戦略を示すこと」だった。そこでこの定義に従って戦略計画の見直しを行った。試行錯誤が四年続いた。

その結果今日では、企画部門は、会社の事業のそれぞれについて、次の三点を検討するにとどめている。「業界におけるリーダーシップを維持するには、市場でどのような地位を必要とするか」「その地位を維持するには、どのようなイノベーションの成果を必要とするか」「資本のコストを賄うためには、最低どれだけの利益率を必要とするか」である。

今日この企画部門は、各事業部との共同作業によって、多様な経営環境を想定し、それぞれについて、これら三つの目標を達成するための戦略計画を作成している。以前のものに比べると、簡単で見栄えはしない。しかしそれは、今日、会社の事業と経営陣を導く実際の飛行計画の役割を果たしている。私はこの会社以外に、「何が目的か」「なぜそれを行うか」という問いを、企画部門の仕事のような知識労働について行っている例を知らない。

分散化する知識労働者の仕事

肉体労働では、人は一時に一つの仕事しかしない。テイラーの研究対象となった肉体労働者は砂をすくったが、同時に、炉に燃料を入れることはなかった。メイヨーが研究した配線室の女性たちは、ハンダ付けを行ったが、できあがった電話機のテストを行うことはなかった。トウモロコシを植えつけているアイオワの農民が、仕事の合間にトラクターを降りて会議に参加することもない。

知識労働においても、集中の必要が知られていないわけではない。外科医は手術室で電話に出ることはないし、弁護士も、依頼人の相談中に電話に出ることはない。

ところが今日、知識労働者の仕事はますます分散しつつある。もし本社ビルの最高層部にいるのであれば、集中するということもたまにはできるかもしれないが、そうしてみようという経営トップもほとんどいない。今日、技術者、教師、販売員、看護婦、現場の経営管理者など、知識労働を実際に組織で行っている人たちは、仕事や給与にはほとんど関係がなく、かつ、ほとんど意味のない余分の仕事を課されて、忙しさを着実に増大させている。

最悪のケースが、アメリカの病院における看護人である。看護人不足についてはいろいろと言われている。しかし、どうして看護人不足などということが起こり得るのか。看護学校を卒業し、看護人という職業につく人たちは増えている。同時に、入院患者は急速に減りつつある。こうした矛盾が生じるのは、次のような理由からである。

看護人たちは、看護学校で学んだこと、給与を支払われている本来の仕事、つまり看護のために時間の半分しか使っていない。時間の半分は、看護人としての技能や知識を要しない医療的にも経済的にも価値のないこと、患者の世話や患者の満足とは関係のないことに使わされている。いうまでもなく、メディケア（高齢者向け政府医療保障）、メディケイド（身障者、低所得者向け政府医療援助）、医療保険、医療過誤訴訟防止策などのために膨れ上がる一方のペーパーワークが、それである。

高等教育機関の状況もさして変わらない。あらゆる調査が、大学の教員は、授業、学生指導、研究よりも委員会の類に多くの時間を費やしていることを示している。それら委員会のうち、絶対に出席しなければならないものなどほとんどない。かえって、委員を七人ではなく三人にすれば、よりよい仕事をより少ない時間で行うことができる。

店員の仕事も多岐にわたる。デパートでは店員が書類にかかりきりになっている。客と話をし、サービスをする時間がない。おそらくこれが、売上げと収益を生み出すべき店員の生産性を確実に低下させている原因である。営業所の所長たちは、時間の三分の一を客に電話するよりも諸々のレポートの作成に使わされている。技術者は、ワークステーションに向かっているべき時間に、会議に出させられている。

知識労働者の仕事は、充実するどころか不毛化している。当然、生産性は破壊される。動機づけも士気も損なわれる。看護人の意識調査を見ても、自分が看護の世界でしようと思ったこと、そのために訓練を受けてきたことができないことにいらだっている。当然のこととして、仕事に見合う給与が支払われていないと感じている。他方、これまた当然のこととして、病院のほうは、彼ら、彼女らが行っている事務の仕事に対し、給与を払わされすぎていると感じている。

対策は、いたって簡単である。すでにいくつかの病院では、電話に答えたり、花を活けたりする病棟職員にペーパーワークを回している。とたんに、看護人に余裕が生まれ、看護に費やす時間も急激に増えた。それらの病院では、看護人の数を四分の一削減し、人件費を増やすことなく給与を引き上げることができたという。

この種のことを実現するには、知識労働のそれぞれについて、「何のために給与を払うか」「この仕事には、どのような価値を付加すべきか」を考えればよい。答えは、必ずしも明白ではなく、議論の余地もありうる。

あるデパートでは、店員の仕事は「売ること」という答えを出した。ところが、場所も客層も同じような別のデパートでは、「客にサービスすること」という答えを出した。答えの違いによって、売り場の仕事をどう変えるかは異なった。しかしいずれの場合も、フロア当たり、一人当たりの売上げは急速かつ実質的に増大した。生産性と収益性が伸びた。

知識労働は三種類ある

知識労働は、単なる労働の一言で片づけるわけにはいかない。それは大きく分けて三種類ある。それぞれについて、異なる分析と異なる組織が必要となる。物を作ったり運んだりする仕事については、生産性の向上の焦点は仕事に合わせなければならない。知識労働の仕事については、成果に合わせなければならない。

第一に、知識労働のいくつかにおいては、仕事の成果は純粋に質の問題である。たとえば、研究所の仕事である。量、すなわち研究成果の数は、質に比べればまったく二義的である。一〇年にわたって市場を支配する年間売上げ五億ドルの新薬一つのほうが、年間売上げ二〇〇〇万ドルの物真似薬二〇種よりも価値がある。戦略計画についても同じことが言える。医師の診断、放送や雑誌の編集についても同じことが言える。

第二に、質と量をともに成果とすべき知識労働が幅広く存在する。デパートの店員の成果がそれである。顧客の満足は質的な側面であり、定義するのはそう簡単ではない。だがそれは、売上高や売上伝票の枚数という量的なものと同じように重要である。

建築デザインについては、質が成果の大部分を決める。製図については、質は全体の成果の一部である。量もまた成果である。同じことが、医療技師、工場技術者、証券会社や銀行の支店長、リポーター、看護人、自動車保険会社の請求処理担当者の仕事など、広範な知識労働について言える。この場合、成果とは常に量と質の双方である。それらの仕事の生産性を向上させるには、量と質の双方に取り組む必要がある。

第三に、生命保険会社の保険金支払い、病院のベッドメーキングなど、その成果が肉体労働と同種の仕事が多数ある。それらの仕事の場合、質は前提条件であり、制約条件である。仕事の質は、成果ではなく条件である。最初から仕事のプロセスに組み込んでおかなければならない。組み込んでおきさえすれば、成果のほとんどは量で定義される。定められたとおりに病院のベッドを一つ整えるのに何分を要するかというように、量で計ることができる。それらの仕事は、物を作ったり運んだりするわけではないが、作業労働的である。

このように、知識労働の生産性を高めるには、その仕事が、成果に関して、いずれの範疇に属するかを知っておく必要がある。そうして初めて、何に取り組むべきかが明らかになる。「何を分析すべきか」「何を改善すべきか」「何を変えるべきか」を決定できる。さらには、知識労働のそれぞれについて、生産性の意味を明らかにすることができる。

仕事のプロセスを分析する

知識労働の生産性を上げるには、目的の定義、目的への集中、仕事の分類という三つのほかにもなすべきことがある。

成果が主として質を意味する仕事については、どう分析すべきかは実のところまだ分かっていない。しかし分かってはいないが、こう問わなければならない。「何が役に立つか」。また、成果が質と量の両方を意味する仕事については、「何が役に立つか」を問うと同時に、仕事のプロセスを一つひとつ分析することが必要である。作業的な知識労働については、仕事の質の水準を定め、それを仕事のプロセスに組み込むことが必要である。生産性向上は、作業を分解し、分析し、組み立て直すことによって実現できる。

知識労働の生産性は、このように取り組むならば、容易に向上させられる。生産性は一挙に向上する。ただし、おそらく三年か五年おきに繰り返し見直す必要がある。もちろん事業や組織を大きく変えたときには、必ず見直す必要がある。

これまでの経験によれば、これらのことだけで、科学的管理法、インダストリアル・エンジニアリング、ヒューマン・リレーションズが、物を作ったり運んだりする仕事において実現した生産性の向上と同等のものが得られる。言い換えれば、われわれが知識労働で必要としている生産性の革命は必ずもたらされる。

ただし、一つだけ条件がある。肉体労働者の生産性向上について第二次大戦後学んだことを実行することである。すなわち、知識労働者自身がパートナーとなって生産性の向上に取り組むことである。仕事の水準、難易度、技能の程度に関わりなく、あらゆる知識労働に生産性と成果に対する責任を組み込む必要がある。

フレデリック・テイラーは、研究対象とした労働者に対して問いかけをせず、指示を与えるだけだったとしてしばしば批判される。エルトン・メイヨーも問いかけをせず、指示するだけだった。ジグムント・フロイトもまた、患者に対し、自分の問題は何だと思うかとは尋ねなかった。マルクスもレーニンも、大衆に問うことは考えもしなかった。

第二次大戦時においてさえ、いかなる司令部も、装備について前線の下級将校や兵士に聞くことは思いもつかなかった。アメリカ軍においてこれが当たり前になったのは、ようやくベトナム戦争のときだった。

テイラーは、専門家の知恵のみを尊重するという当時の考え方に従っていた。彼は、労働者どころか経営管理者も無能と見ていた。その四〇年後のメイヨーは、経営管理者には敬意を払ったが、肉体労働者については、未熟で適応能力に欠けた存在、心理学者の専門的な指導を必要とする存在と見た。

ところが第二次大戦が起きたとき、われわれには選択の余地がなかった。現場で働く人たちに頼るしかなかった。工場には、技術者も心理学者も職長もいなかった。彼らの多くは、軍隊に行っていた。私自身今も想い出すが、大きな驚きだったのは、働く人たちにいろいろ聞いてみると、彼らが馬鹿でも未熟でもなく、適応能力を欠いてもいないことだった。彼らは、自らの仕事、その論理とリズム、道具、仕事の質について多くを知っていた。われわれは、彼らに聞いてみることによって、生産性と品質の問題に着手することができた。

当初、この画期的な発見を受け入れた企業は数社にすぎなかった。おそらくＩＢＭが最初であり、長い間唯一だった。やがて一九五〇年代の終わりから六〇年代の初めにかけて、日本企業がこの発見を受け入れた。戦後、日本企業もまた、戦前の工場体制をとろうとしたが、その試みは混乱とストの中で潰えた。

こうして今日、働く人たち自身の仕事についての知識が生産性、品質、成果を向上させる原点であることが、たとえ一般に実行されるには至ってないにせよ、少なくとも理論としては広く受け入れられるようになった。しかし肉体労働については、働く人たちとのパートナーシップは最良の方法であるというだけにすぎない。テイラーのように、彼らに対して指示を与えるだけという方法もある。それでもかなりうまくいく。だが知識労働については、働く人たちとのパートナーシップは唯一の方法であって、他の方法はまったく機能しない。

教えるときにもっとも学ぶ

あと二つ、テイラーもメイヨーも知らなかったことがある。第一に、生産性の向上には継続学習が不可欠であるということである。仕事を改善し訓練するという、テイラーが実践したことだけでは不十分である。学習に終わりはない。まさしく日本企業の経験がわれわれに教えているように、訓練の最大の成果は、新しいことを学びとることにあるのではなく、すでにうまく行っていることを、さらにうまく行えるようにすることにある。

第二に、同じく重要なこととして、ここ数年の観察で明らかになったこととして、知識労働者は自らが教えるときにもっともよく学ぶという事実がある。

花形セールスマンの生産性をさらに向上させる最善の道は、セールスマン大会で成功の秘訣を語らせることである。外科医の成果を向上させる最善の道は、地域の医者の集まりで自らの仕事について語らせることである。看護婦の成果を向上させる最善の道は、新人の看護婦に教えさせることである。

情報化時代にあっては、いかなる組織も学ぶ組織にならなければならないと言われる。しかしそれは同時に、教える組織にもならなければならない。

2章 なぜ成果があがらないのか

成果をあげる能力とは何か

ものごとをなすべき者の仕事は、成果をあげることである。ものごとをなすということは、成果をあげるということである。企業、病院、政府機関、労働組合、軍のいずれにあろうとも、そこに働く者は常に、なすべきことをなすことを期待される。すなわち、成果をあげることを期待される。

それにもかかわらず、ものごとをなすべき者のうち、大きな成果をあげている者は少ない。知力は当然ある。想像力もある。知識もある。しかし、知力や想像力や知識と、成果をあげることとの間には、ほとんど関係がない。

頭のよい者が、しばしば、あきれるほど成果をあげられない。彼らは、知的な能力がそのまま成果に結びつくわけではないことを知らない。逆にあらゆる組織に、成果をあげる地道な人たちがいる。しばしば創造性と混同される熱気と繁忙の中で、ほかの者が駆け回っている間に、亀のように一歩一歩進み、先に目標に達する。

知力や想像力や知識は、あくまでも基礎的な資質である。それらの資質を成果に結びつけるには、成果をあげるための能力が必要である。知力や想像力や知識は、成果の限界を設定するだけである。

このことは当然明らかなはずである。しかしそれならば、ものごとをなすべき者の仕事の一つひとつについて山ほどの本や論文が出ている時代に、なぜ成果をあげること自体についてはずっと放置されてきたのか。理由の一つは、成果をあげることが、組織に働く知識労働者に特有の能力だからである。ごく最近まで、そのような立場にある知識労働者は、わずかしかいなかったからである。

肉体労働者は能率をあげればよい。なすべきことを判断してそれをなす能力ではなく、決められたことを正しく行う能力があればよい。肉体労働者の仕事は、たとえば靴のように、生産物の量や質で評価できる。われわれはすでに、それらの方法についてはこの一〇〇年間に多くを学んできた。その結果、肉体労働の生産性を大幅に向上させた。

かつては、機械工や兵士など肉体労働者が圧倒的な多数だった。ものごとをなすべき者は少数だった。すなわち、ほかの者が行うべきことを指示する者はあまりいらなかった。その数があまりに少なかったため、成果をあげることは、その是非は別として、当たり前のこととしてすまされていた。そのようなことは、生まれつき素質を身につけているはずの少数の人、すなわち、ほかの人間が苦労して学ばなければならないことを、なぜか生まれつき知っているに違いないと思われる少数の人をあてにしてきた。

しかもむかしは、知識労働者のうち組織に属している者がごくわずかだった。彼らのほとんどは、せいぜい助手をひとり抱えるだけで、自由業として独立して仕事をしていた。成果をあげようがあげまいが、彼ら個人の問題であって、彼らだけに関係のあることだった。

現代社会の中心的存在

今日では、知識を基盤とする組織が社会の中心である。現代社会は組織の社会である。それら組織のすべてにおいて、中心的な存在は、筋力や熟練ではなく、頭脳を用いて仕事をする知識労働者である。知識や理論を使うよう学校で教育を受けた人たちが、ますます多く働いている。彼らは、組織の目的に貢献して、初めて成果をあげることができる。

そのような社会では、もはや成果をあげることを当然のことと思ってはならない。軽く扱うわけにはいかない。

インダストリアル・エンジニアリングや品質管理など肉体労働者の仕事を測定評価するための手法は、知識労働者には適用できない。不適切な製品のための美しい設計図を大量生産するエンジニアリング部門ほど、ばかばかしく、非生産的な存在はない。知識労働者が成果をあげるためには、適切な仕事に取り組まなければならない。そのような仕事は、肉体労働のために開発した手法では測定できない。

知識労働者を直接あるいは細かく監督することはできない。彼らには助力を与えることができるだけである。知識労働者は自らをマネジメントしなければならない。自らの仕事を業績や貢献に結びつけるべく、すなわち成果をあげるべく、自らをマネジメントしなければならない。

先日『ニューヨーカー』誌に出ていた漫画がある。ドアにはエイジャックス石けん会社チャールズ・スミス販売部長とあり、壁には「考えよ」との大きな額が掛かっている。事務所の中では、男が机の上に足を投げ出し、天井に向かってタバコを吹かしている。通りがかりの二人の男が、「本当に石けんのことを考えているのか、分からんな」と話している。

知識労働者が何を考えているかは確かめようがない。だが考えることこそ、知識労働者に固有の仕事である。考えることが、なすべき仕事の始まりである。しかもその動機づけは、成果をあげることができるか否かにかかっている。彼自身がものごとを達成できるか否かにかかっている。成果をあげられなければ、仕事や貢献に対する意欲は減退し、九時から五時までただ身体を動かしているだけとなる。

知識労働者は、それ自体独立して役に立つものを生み出さない。排水溝、靴、機械の部品などの物的な生産物は生み出さない。知識労働者が生み出すのは、知識、アイデア、情報である。それら知識労働者の生産物は、それだけでは役に立たない。いかに膨大な知識があっても、それだけでは意味がない。したがって知識労働者には、肉体労働者には必要のないものが必要となる。すなわち、自らの成果を他の人間に供給するということである。靴のように、自らの生産物それ自体の効用をあてにするわけにいかない。

しかも今や知識労働者は、アメリカ、ヨーロッパ、日本など高度の先進社会が、国際競争力を獲得し、維持するための唯一の生産要素である。

すべての者がエグゼクティブ

今日の組織では、自らの知識あるいは地位のゆえに、組織の活動や業績に実質的な貢献をなすべき知識労働者は、すべてエグゼクティブである。組織の活動や業績とは、企業の場合、新製品を出すことであり、市場で大きなシェアを獲得することである。病院の場合は、患者に優れた医療サービスを提供することである。

組織のそのような能力に実質的な影響を及ぼすために、知識労働者は意思決定をしなければならない。命令に従って行動すればよいというわけにはいかない。自らの貢献について責任を負わなければならない。自らが責任を負うものについては、他の誰よりも適切に意思決定をしなければならない。せっかくの意思決定が無視されるかもしれない。やがて左遷されたり、解雇されたりするかもしれない。だがその仕事をしているかぎり、仕事の目標や基準や貢献は自らの手の中にある。したがって、ものごとをなすべき者はみなエグゼクティブである。現代社会では、すべての者がエグゼクティブである。

このことは、ベトナムのジャングルにおける若い歩兵大尉へのインタビューからも伺える。「この混乱した状況でどう指揮しているか」との質問に対する答えである。「ここでは、責任者は私である。しかし部下がジャングルで敵と遭遇し、どうしてよいかわからなくとも、何もしてやれない。私の仕事は、そうした場合どうしたらよいかをあらかじめ教えておくことだ。実際にどうするかは状況次第だ。その状況は彼らにしか判断できない。責任は私にある。だが、どうするかを決めるのは、その場にいる者だけだ」

このように、ゲリラ戦では兵士全員がエグゼクティブである。

知識労働は、量によって規定されるものではない。コストによって規定されるものでもない。成果によって規定されるものである。部下の数や管理的な仕事の大きさは、知識労働の内容を知る手がかりにはならない。

市場調査の仕事により多くの人間を従事させることによって、そのぶん洞察や想像力や仕事の質を向上させ、企業の発展と成功の可能性をもたらす成果を得られるかもしれない。そうであるならば、二〇〇人の人間は安いものである。しかし逆に、その市場調査部門の責任者にとって、その二〇〇人がもち込んでくる雑事や、彼らの間の相互作用によって生ずる問題に圧倒される危険も出てくる。マネジメントに忙しく、市場調査に必要な意思決定を考える時間がなくなる。数字をチェックすることに忙しく、「われわれの市場は何か」という基本的な問いかけを忘れるかもしれない。その結果、ついには企業の衰退を招く恐れのある市場の重要な変化を見逃すかもしれない。

もちろん、スタッフをもたない市場調査の責任者であっても、生産的でありうるし、非生産的でもありうる。企業を繁栄に導く知識や洞察の源泉となるかもしれない。逆に、学者たちがしばしば研究と錯覚しがちな脚注的な些事の調査に時間をとられ、何も見ず、何も聞かず、何も考えないかもしれない。

知識を中心とする組織では、ひとりの人間もマネジメントしていないが、実質的にエグゼクティブである人は多勢いる。

もちろん、ベトナムのジャングルにおける部隊のように、組織のメンバー全員が、常に組織全体の死活に関わる意思決定を行う立場にあるという例は稀である。

しかし研究所において、追究すべき研究テーマを決定する化学者は、それによって企業の将来を左右する起業家的な意思決定をしているかもしれない。その化学者は部長であるかもしれない。新人ではないにしても、まったくマネジメント上の責任をもたない一研究員であるかもしれない。あるいはまた、経理上、何をもって製品と規定するかという決定は、ある会社では副社長の仕事であるかもしれないし、新入社員の仕事であるかもしれない。そのようなことは、今日の大組織では、あらゆる分野において目にする。

今日、企業、政府機関、研究所、病院のうちもっとも平凡な組織にすら、重要かつ決定的な意思決定を行っている人たちがいかに多くいるかということについては、ほとんど認識されていない。知識による権威は、地位による権威と同じように、正統かつ必然のものである。彼らの意思決定は、本質的にトップの意思決定と変わらない。

われわれはすでに、多くの人たちが、企業の社長や政府機関の長とまったく同じ種類の仕事、すなわち、企画、組織、統合、調整、動機づけ、成果の測定を行っていることを知っている。意思決定の範囲は限られた狭いものかもしれない。だがたとえ狭くとも、その範囲内においてはまぎれもなくエグゼクティブである。

今日あらゆる階層において、意思決定を行う者は、企業の社長や政府機関の長と同じ種類の仕事をしている。権限の範囲は限られており、組織図や電話帳に地位や名前は載っていないかもしれない。しかし、彼らはエグゼクティブである。そして、トップであろうと、新人であろうと、エグゼクティブであるかぎり、成果をあげなければならない。

働く者をとりまく組織の現実

しかし、組織に働く者の置かれている状況は、成果をあげることを要求されながら、成果をあげることがきわめて困難になっている。まさに、自らが成果をあげられるよう意識して努力しないかぎり、まわりをとりまく現実が彼らを無価値にする。

通常、彼らは、自分ではコントロールできない四つの大きな現実にとりまかれている。それらの現実は、いずれも組織に組み込まれ、日常の仕事に組み込まれている。彼らにとっては、それらのものと共生するしか選択の余地はない。しかも、それら四つの現実のいずれもが、仕事の成果をあげ、業績をあげることを妨げようと圧力を加えてくる。

第一に、時間はすべて他人にとられる。身体の動きに対する制約を考えれば、組織の囚人と定義せざるをえない。誰でも彼の時間を奪える。現実に、誰もが奪う。このことに抵抗する術は、ほとんど何もないかのようである。


彼は、医者のように、ドアから顔を出して、「三〇分誰も入れないで」とはいえない。言ったとしても、その瞬間に電話が鳴り、最上の客、市役所の幹部、あるいは直接の上司と話さなければならなくなる。もはや貴重な三〇分は過ぎた。


第二に、自ら現実の状況を変えるための行動をとらないかぎり、日常業務に追われ続ける。

しかも日常の仕事は、本当の問題点どころか何も教えてくれない。医者にとって患者の訴えが重要なのは、それが意味あることを教えるからである。これに対し、組織で働く者は、はるかに複雑な世界に対峙している。何が本質的に重要な意味をもち、何が派生的な問題にすぎないかは、個々の事象からは知る由もない。症状についての患者の話が医者の手がかりになるのに対し、個々の事象は、組織の者にとっては問題の徴候ですらないかもしれない。

したがって、日常の仕事の流れに任せて、何に取り組み、何を取り上げ、何を行うかを決定していたのでは、それら日常の仕事に自らを埋没させることになる。たとえ有能であっても、いたずらに自らの知識と能力を浪費し、達成できたはずの成果を捨てることになる。彼らに必要なのは、本当に重要なもの、つまり貢献と成果に向けて働くことを可能にしてくれるものを知るための基準である。だがそのような基準は、日常の仕事の中からは見出せない。

第三に、組織で働いているという現実がある。すなわち、ほかの者が彼の貢献を利用してくれるときにのみ、成果をあげることができるという現実である。組織は一人ひとりの人間の強みを発揮させるための仕組みである。組織は一人ひとりの人間の知識を、ほかの人間の資源や動機やビジョンとして使う。

知識労働者は、まさに知識労働者であるがゆえに、たがいに似ていることさえない。それぞれの技能も、関心も違う。税務会計、細菌学、あるいは幹部養成に関心をもつ者もいれば、原価計算の細部、病院のマネジメント、あるいは市条例の執行力に関心をもつ者もいる。したがって彼らのいずれもが、たがいに同僚の生み出すものを利用する能力がなければならない。

通常、成果をあげるうえでもっとも重要な人間は、直接の部下ではない。他の分野の人、組織図の上では横の関係にある人である。あるいは上司である。それらの人と関わりをもち、自らの貢献を利用してもらい、成果に結びつくようにしなければ、いかなる成果もあげられない。

第四に、組織の内なる世界にいるという現実がある。企業、政府機関、研究所、大学、軍のいずれにおいてであろうと、誰もが自らの属する組織の内部をもっとも身近で直接的な現実として見る。たとえ組織の外を見たとしても、厚くゆがんだレンズを通している。外の世界で何が起こっているかは、直接には知りえない。しかも外の世界の現実は、組織の中の基準によって咀嚼され、報告書という高度に抽象化されたフィルターを通して知らされる。

しかるに、組織の中に成果は存在しない。すべての成果は外の世界にある。客が製品やサービスを購入し、企業の努力とコストを収入と利益に変えてくれるからこそ、組織としての成果があがる。組織の中に生ずるものは、努力とコストだけである。あたかもプロフィットセンターがあるかのごとくいうが、単なる修辞にすぎない。内部には、コストセンターがあるだけである。

一定の業績を得るために投入した努力が少ないほど、よい仕事をしたことになる。市場が求める自動車や鉄鋼を生産するために、一〇万人が必要だということは、実のところ、エンジニアリング上の未熟を示すにすぎない。

組織の存在理由

外の世界への奉仕という組織にとっての唯一の存在理由からして、人は少ないほど、組織は小さいほど、組織の中の活動は少ないほど、組織はより完全に近づく。

組織は、存在することが目的ではない。種の永続が成功ではない。その点が動物とは違う。組織は社会の機関である。外の環境に対する貢献が目的である。しかるに、組織は成長するほど、特に成功するほど、組織に働く者の関心、努力、能力は、組織の中のことで占領され、外の世界における本来の任務と成果が忘れられていく。

この危険は、コンピュータと情報技術の発達によってさらに増大する。愚鈍な機械コンピュータは、定量的なデータを処理するだけである。データを非常な速さと正確さと精密さをもって処理する。これまで不可能だった大量のデータを提供する。しかしだいたいにおいて、速く定量化できるデータというものは、組織の中についてのデータである。コストや生産量、教育訓練の報告である。外の重要なことは、もはや手遅れという時期にならないと、定量的な形では入手できない。これは、外のことについての情報の収集が、コンピュータの演算能力よりも遅れているからではない。それだけが原因ならば、統計的な努力を追加すればよい。まさにそのような技術的な制約を克服するうえで、コンピュータは大きな助けとなる。

根本的な問題は、組織にとってもっとも重要な意味をもつ外のできごとが、多くの場合、定性的であり、定量化できないところにある。それらはまだ事実となっていない。事実とはつまるところ、誰かが分類し、レッテルを貼ったできごとのことである。定量化のためには、概念がなければならない。そして、無限のできごとの集積から特定のできごとを抽出し、名称を与え、数えなければならない。

外の世界における真に重要なことは、趨勢ではない。変化である。この外の変化が、組織とその努力の成功と失敗を決定する。しかもそのような変化は、知覚するものであって、定量化したり、定義したり、分類したりするものではない。分類によって数字は得られるが、そのような数字は現実の状況を反映していない。

コンピュータは論理の機械である。それが強みであって、弱みである。外の重要なことは、コンピュータをはじめとするなんらかのシステムが処理できるような形では把握できない。これに対し、人間は論理的には優れていないが、知覚的な存在である。まさにそれが強みである。

気をつけなければならないことは、コンピュータの論理やコンピュータ言語で表わせない情報や刺激を、やがて軽視するようになることである。現実の知覚的な事象が見えなくなり、過去の事象にのみ関心をもつようになることである。こうして膨大な量のコンピュータ情報が、外の現実からの隔絶を招く。マネジメントの用具たるべきコンピュータは、やがては外の世界との隔絶を認識させ、外の事象により多くの時間を割くことができるよう、人間を解放しなければならない。しかし当面は、進行性のコンピュータ病の危険が存在する。それは、考えられるよりも深刻な病いである。

だがコンピュータは、むかしから存在している状況を浮き彫りにしたにすぎない。組織に働く者は、必然的に組織の中に生き、仕事をする。したがって、意識的に外の世界を知覚すべく努力しなければ、やがて内部の世界の圧力によって、外の世界が見えなくなる。

これら四つの現実は変えることができない。それらはエグゼクティブが存在するための必要条件でもある。したがってものごとをなすべき者は、成果をあげることを学ぶべく特別の努力を払わないかぎり成果をあげられないことを知らなければならない。

成果を大幅に改善する方法

仕事や成果を大幅に改善するための唯一の方法は、成果をあげるための能力を向上させることである。

もちろん、際だって優れた能力をもつ人を雇うことはできる。あるいは際だって優れた知識をもつ人を雇うこともできる。だが、いかに努力したとしても、能力と知識の向上に関しては、大幅な期待をすることはできない。もはや、これ以上は不可能か、あるいは少なくとも効果のあまりないような限界に達している。新種のスーパーマンを育てることはできない。現在の人間をもって、組織をマネジメントしなければならない。

経営管理者に関する本は、明日の経営者像として万能の人間を描く。それらによれば、分析においても、意思決定においても、非凡な才能をもたなければならないとされる。同時に、人と協力して働くことに長け、組織や力関係を熟知し、計数に明るく、芸術的な洞察力や創造的な想像力を備えていなければならないという。つまるところ、あらゆる分野において天才的な才能を発揮できる人を求める。

そのような人は、いつの世にも稀である。人類の歴史は、いかなる分野においても、豊富にいるのは無能な人のほうであることを示している。われわれは、せいぜい一つの分野に優れた能力をもつ人を組織に入れられるだけである。一つの分野に優れた能力をもつ人といえども、他の分野については並みの能力しかもたない。

したがってわれわれは、一つの重要な分野で強みをもつ人が、その強みをもとに仕事を行えるよう、組織をつくることを学ばなければならない。仕事ぶりの向上は、人間の能力の飛躍的な増大ではなく、仕事の方法の改善によって図らなければならない。知識についても同じことがいえる。優れた知識を大量にもつ人を大量に手に入れようとしても、そのために必要な費用が、期待できる成果に比べて高すぎる。

オペレーションズ・リサーチ（ＯＲ）が登場したとき、若い優秀な研究者の何人かがそれぞれ本を書き、いずれも明日のＯＲ専門家の条件について頁を割いていた。そして、あらゆることに知識をもち、あらゆる分野において独創的な能力をもつ人を求めていた。それらの一つは、ＯＲ専門家たるべき人は、実に六二の自然科学と人文科学の分野において、高度の知識をもたなければならないとしていた。しかし現実には、万一そのような人を見つけ出したとしても、せいぜい在庫管理や生産工程管理に、せっかくの能力を浪費するだけである。

今日の経営管理者育成プログラムなるものは、会計、人事、マーケティング、価格設定、経営分析、そして心理学をはじめとする行動科学、さらには物理、生物、地質学に至る諸々の自然科学に関する高度の知識を要求する。最新技術の動向、世界経済の複雑さ、今日の政府機構の迷路についての理解を要求する。だがそれらはいずれも、専門の学者にとってさえ、あまりに広大な分野である。学者でさえ、専門をそれらの分野の一部に特化しており、全体については素人並みの知識しかもたない。もちろん、それら諸々の分野の知識について、理解の必要がないといっているのではない。

企業、政府機関、病院のいずれの世界においても、今日の若い高学歴者のもっとも困った点は、自らの専門分野の知識で満足し、他の分野を軽視する傾向があることである。

たしかに、経理の専門家としては、ヒューマン・リレーションズについて詳しく知る必要はない。技術者としては、新製品の販売促進について詳しく知る必要はない。しかしそれらの分野が、「いかなる分野であり、なぜ必要であり、何をしようとするものなのか」については知らなければならない。泌尿器科の一流の専門家であるためには、精神医学に精通する必要はない。しかし、精神医学がいかなるものであるかは知っておいたほうがよい。農務省でよい仕事をするためには、国際条約に詳しい必要はない。しかし、保護的な農業政策が国際関係に打撃を与えないよう、国際政治の基礎知識はもっていたほうがよい。

万能の専門家が必要なわけではない。そのような人は、万能の天才と同様に存在しがたい。われわれに必要なものは、専門分野の一つに優れた人を、いかに活用するかを知ることである。すなわち、彼らの能力を発揮させる方法を知ることである。資源の調達を増やすことができなければ、資源の産出を増やさなければならない。成果をあげる方法を知ることこそが、能力や知識という資源からより多くの優れた結果を生み出す唯一の手段である。

成果をあげる能力は、組織の必要からしても重要である。同時に、一人ひとりの人間の成果と貢献と自己実現を図る鍵として、さらに重要である。

もし成果をあげる能力が、音楽や絵画の才能のように天賦の才であるならば、悲惨というべきである。いかなる分野においても、偉大な才能は稀だからである。そうであるならば、成果をあげる能力に恵まれた若者を早く発見し、最善を尽くして育てなければならない。だがそのような方法では、現代社会に必要な数を確保することは、ほとんど望み薄である。

成果をあげる能力が天賦の才であるならば、今日の文明は、維持不能とまではいかなくとも、きわめて脆弱となる。なぜならば、今日のような組織に基盤をもつ文明は、なにがしかの成果をあげる能力をもつ人を大量に必要とするからである。

それは習得できる能力である

しかし逆に、もし成果をあげる能力が修得できるものであるならば、問題は次のようなものとなる。すなわち、「その能力は何から成り立つか」「具体的に何を修得すべきか」「修得の方法はいかなるものか」「その能力は知識か。知識として体系的に修得できるか」あるいは、「徒弟的に、修業によってのみ修得できるのか。基本の繰り返しによってのみ修得できるのか」。

私はこれらの問題を長年考えてきた。コンサルタントとして多くの組織と仕事をしてきたが、成果をあげることは、私自身にとっても二つの意味で決定的に重要だった。

第一に、知識の権威としてのコンサルタントは、自らが成果をあげられなければならない。さもなければ価値がない。

第二に、もっとも成果をあげるコンサルタントでさえ、ものごとをなし遂げるには、客たる組織の中の人たちに依存しなければならない。客のもっている成果をあげる能力が、結局のところは、コンサルタントが貢献し成果をあげられるか、単なるコストセンター、あるいはせいぜい道化師の役割しか果たせないかを決定する。

私は、成果をあげる人間のタイプなどというものは存在しないことをかなり前に気づいた。私が知っている成果をあげる人たちは、その気性や能力、仕事や仕事の方法、性格や知識や関心において千差万別だった。共通点は、なすべきことをなし遂げる能力をもっていたことだけだった。

外向的な人もいれば、超然とした内向的な人、なかには病的なほどに恥ずかしがり屋の人もいた。過激な人もいたし、痛ましいほど順応的な人もいた。太った人もやせた人もいた。心配性の人も、気楽な人もいた。酒飲みも、酒嫌いもいた。魅力的な人も、冷凍した鯖のように冷たい人もいた。

通俗的なリーダー像どおりの、目立つ人たちがいた。逆にその存在も気づかれないような、何の特色もない人がいた。学者肌、学究肌の人もいれば、ほとんど文字を読めない人もいた。幅広い関心をもつ人もいたし、逆に、狭い領域以外のことに関心をもたない人もいた。利己的ではないにしても、かなり自己中心的な人もいた。心の広い人もいた。仕事に生きている人もいれば、地域社会や教会の仕事、漢詩の研究、あるいは現代音楽など、仕事以外のことに大きな関心をももつ人もいた。

私が会った成果をあげる人たちの中には、論理や分析力を使う人もいれば、知覚や直感に頼る人もいた。簡単に意思決定をする人もいれば、何かをするたびに悩む人もいた。つまり、成果をあげる人もまた、医者や高校の教師やバイオリニストと同じように千差万別である。彼らは、成果をあげられない人と同じように千差万別である。しかも成果をあげる人は、タイプや個性や才能の面では、成果をあげない人とまったく区別がつかない。

成果をあげる人に共通しているのは、自らの能力や存在を成果に結びつけるうえで必要とされる習慣的な力である。企業や政府機関で働いていようと、病院の理事長や大学の学長であろうと、まったく同じである。私の知るかぎり、知能や勤勉さ、想像力や知識がいかに優れようと、そのような習慣的な力に欠ける人は成果をあげることができなかった。

言いかえるならば、成果をあげることは一つの習慣である。習慣的な能力の集積である。そして習慣的な能力は、常に修得に努めることが必要である。習慣的な能力は単純である。あきれるほどに単純である。七歳の子供でも理解できる。掛け算の九九を習ったときのように、練習による修得が必要となるだけである。「六、六、三十六」が、何も考えずに言える条件反射として身につかなければならない。習慣になるまで、いやになるほど反復しなければならない。

私は小さいころ、ピアノの先生にこう言われた。「残念ながら、君はモーツァルトをシュナーベルのように弾けるようにはならない。でも音階は違う。音階はシュナーベルのように弾かなければならない」。この言葉は、あらゆる仕事に当てはまる。しかし、おそらくあまりに当たり前のことだったためであろうが、彼女がつけ加えなかったことがある。それは、偉大なピアニストたちでさえ、練習に練習を重ねなかったならば、あのように弾けるようにはならなかったということである。

どんな分野でも、普通の人であれば並の能力は身につけられる。卓越することはできないかもしれない。卓越するには、特別の才能が必要だからである。だが、成果をあげるには、成果をあげるための並の能力で十分である。音階が弾ければよい。

3章　貢献を重視する

権限に焦点を合わせてはならない

成果をあげるためには、貢献に焦点を合わせなければならない。手元の仕事から顔をあげ、目標に目を向けなければならない。「組織の成果に影響を与える貢献は何か」を自らに問わなければならない。すなわち、自らの責任を中心に据えなければならない。

貢献に焦点を合わせることこそ、成果をあげる鍵である。仕事の内容、水準、影響力において、あるいは、上司、同僚、部下との関係において、さらには会議や報告など日常の業務において、成果をあげる鍵である。

ところがほとんどの人が、下のほうに焦点を合わせたがる。成果ではなく、権限に焦点を合わせる。組織や上司が自分にしてくれるべきことや、自らがもつべき権限を気にする。その結果、本当の成果をあげられない。

あるコンサルタントは、新しい客と仕事をするときに、最初の数日間を使って先方の組織や歴史や社員について聞くなかで、「ところで、あなたは何をされていますか」と尋ねることにしているという。ほとんどの者が、「経理部長です」「販売の責任者です」と答える。時には、「部下が八五〇人います」と答える。「他の経営管理者たちが正しい決定を下せるよう情報を提供しています」「客が将来必要とする製品を考えています」「社長が行うことになる意思決定について考え、準備しています」などと応える者は、きわめて稀だという。

肩書や地位がいかに高くとも、権限に焦点を合わせる者は、自らが単に誰かの部下であることを告白しているにすぎない。これに対し、いかに若い新入りであろうと、貢献に焦点を合わせ、結果に責任をもつ者は、もっとも厳格な意味においてトップマネジメントである。組織全体の業績に責任をもとうとしているからである。

貢献に焦点を合わせることによって、専門分野や限定された技能や部門に対してではなく、組織全体の成果に注意を向けるようになる。成果が存在する唯一の場所である外の世界に注意を向けるようになる。自らの専門や自らの部下と組織全体や組織の目的との関係について、徹底的に考えざるをえなくなる。経済的な財、政府の施策、医療サービスなど組織の産出物の究極の目的である客や患者の観点から、ものごとを考えざるをえなくなる。その結果、仕事や仕事の仕方が大きく変わっていく。

ある大きな公立研究所の出版部長が退職した。その人は、研究所が設立された一九三〇年代から働いていた。科学者でもなければ、訓練を受けた書き手でもなかった。彼の発行する広報誌には、プロの仕事ではないという批判さえあった。後任には一流のジャーナリストが起用された。

そのおかげで、広報誌は洗練された。ところが、主たる読者だった外部の科学者たちは読まなくなった。あるとき高名な科学者が、研究所長に「前の出版部長はわれわれのために書いてくれたが、新しい部長はわれわれに向けて書いている」といった。

実は、前の部長は「この研究所が成果をあげるうえで、自分はどのような貢献ができるか」を自問していた。「外部の若い科学者たちに、この研究所に興味をもたせ、一緒に働く気を起こさせること」がその答えだった。そこで彼は、編集の焦点を研究所にとって重要な問題、決定、論争に絞った。所長と衝突することも一再ではなかった。「広報誌の価値は、われわれが気に入ることではない。外の科学者が何人研究所に入ってくれるかであり、彼らがいかに優秀であるかにある」と主張した。

「どのような貢献ができるか」を自問することは、自らの仕事の可能性を追求することでもある。そう考えるならば、多くの仕事において、優秀な成績とされているものの多くが、実は、その膨大な貢献の可能性からすれば、あまりにも小さなものであることがわかる。「どのような貢献ができるか」を自問しなければ、目標を低く設定してしまうばかりでなく、間違った目標を設定する。何よりも、自ら行うべき貢献を狭く設定する。

三つの領域における貢献

なすべき貢献には、いくつかの種類がある。あらゆる組織が三つの領域における成果を必要とする。すなわち、直接の成果、価値への取り組み、人材の育成の三つである。これら三つの領域すべてにおいて成果をあげなければ、組織は腐り、やがて死ぬ。したがって、この三つの領域における貢献を、あらゆる仕事に組み込んでおかなければならない。もちろん、この三つの領域の重要度は、組織によって、さらには、一人ひとりの人間によって大きく異なる。

第一の直接の成果についてては、はっきり誰にでも分かる。企業においては、売上げや利益など経営上の業績である。病院においては、患者の治癒率である。もちろん、直接的な成果といっても、誰にも明白なものばかりとは限らない。だが、直接的な成果が何であるべきかが混乱している状態では、成果は期待しえない。直接的な成果は常に重要である、組織を生かすうえで、栄養におけるカロリーと同じ役割を果たす。

しかし組織には、人体におけるビタミンやミネラルと同じように、第二の領域として価値への取り組みが必要である。組織は常に、明確な目的をもたなければならない。さもなければ、混乱し、麻痺し、破壊される。

価値に対する取り組みは、技術面でリーダーシップを獲得することである場合もあるし、シアーズ・ローバックのように、アメリカの一般家庭のために、もっとも安く、もっとも品質のよい財やサービスを見つけ出すことである場合もある。もちろん価値への取り組みもまた、成果と同じように、明白とは限らない。

長年の間、アメリカ農務省は、根本的に相容れない二つの価値観に身を裂かれてきた。その一つが農業の生産性の向上であり、もう一つが国のバックボーンとしての家族的農場の維持だった。前者の価値観の目指すものは、高度に機械化された大規模事業としての産業的農業だった。後者の目指すものは、保護された非生産的な農民による郷愁的な農村だった。

少なくともごく最近まで、アメリカの農政はこれら二つの価値への取り組みの間で揺れ動いてきた。その結果残ったものは膨大な支出だけだった。

第三に、組織は、死という生身の人間の限界を乗り越える手段である。したがって、自らを存続させえない組織は失敗である。明日のマネジメントに当たるべき人間を今日用意しなければならない。そして次の世代は、現在の世代が刻苦と献身によって達成したものを当然のこととし、さらにその次の世代にとって当然となるべき新しい記録をつくっていかなければならない。ビジョンや能力や業績において、今日の水準を維持しているだけの組織は適応の能力を失ったというべきである。人間社会において、唯一確実なものは変化である。自らを変革できない組織は、明日の変化に生き残ることはできない。

貢献に焦点を合わせるということは、人材を育成するということである。人は、課された要求水準に適応する。貢献に照準を当てる人は、ともに働くすべての人間の視点と水準を高める。

新任の病院長が最初の会議を開いたときに、あるむずかしい問題について全員が満足できる答えがまとまったように見えた。そのときひとりの出席者が、「この答えに、ブライアン看護婦は満足するだろうか」と発言した。再び議論が始まり、やがて、はるかに野心的な、まったく新しい解決策ができた。

その病院長は、ブライアン看護婦が古参看護婦のひとりであることを後で知った。特に優れた看護婦でもなく、婦長を務めたこともなかった。だが彼女は、担当病棟で何か新しいことが決まりそうになると、「それは患者にとっていちばんよいことでしょうか」と必ず聞くことで有名だった。事実、ブライアン看護婦の病棟の患者は回復が早かった。こうして病院全体に、「ブライアン看護婦の原則」なるものができあがっていた。病院の誰もが、「患者にとって最善か」を常に考えるようになっていた。

今日では、ブライアン看護婦が引退して一〇年がたつ。しかし彼女が設定した基準は、彼女よりも教育や地位が上の人たちに対し、今も高い要求を課している。

貢献に焦点を合わせるということは、責任をもって成果をあげるということである。貢献に焦点を合わせることなくしては、やがて自らをごまかし、組織を壊し、ともに働く人たちを欺くことになる。

事実、もっともよく見られる人事の失敗は、新たに任命された者が、新しい地位の要求に応えて自ら変化していくことができないことに起因している。それまで成功してきたのと同じ貢献を続けていたのでは、失敗する運命にある。貢献すべき成果そのものが変化するだけでなく、前述した三つの領域の間の相対的な重要度さえ変化するからである。このことを理解せずに、以前の仕事では正しかった仕事の仕方をそのまま続けるならば、新しい仕事では、間違った仕事を間違った方法で行うことになる。

知識ある者の責任

知識労働者が貢献に焦点を合わせることは必須である。それなくして、彼らが貢献する術はない。知識労働者が生産するのは、物ではなくアイデアや情報やコンセプトである。知識労働者は、ほとんどが専門家である。事実彼らは、通常、一つのことだけを非常によく行えるとき、すなわち専門化したときにのみ大きな成果をあげる。専門知識は、それだけでは断片にすぎない。不毛である。専門家の産出物は、ほかの専門家の産出物と統合されて初めて成果となる。

必要なことは、ゼネラリストをつくることではない。知識労働者が彼自身と彼の専門知識を活用して成果をあげることである。言い換えれば、自らの産出物たる断片的なものを生産的な存在にするために、それを利用する者に「何を知ってもらい」「何を理解してもらわなければならないか」を徹底的に考えることである。

知識ある者は、常に理解されるように努力する責任がある。素人は専門家を理解するために努力すべきであるとしたり、専門家はごく少数の専門家仲間と話ができれば十分であるなどとするのは、野卑な傲慢である。大学や研究所の内部においてさえ、残念ながら今日珍しくなくなっているそのような風潮は、彼ら専門家自身を無益な存在とし、彼らの知識を学識から卑しむべき衒学に貶めるものである。

貢献に責任をもつためには、自らの産出物すなわち知識の有用性に強い関心をもたなければならない。成果をあげるためには、このことを知らなければならない。自らの顔を上に向けることによって、ほとんど無意識に、他の人が「何を必要とし」「何を見」「何を理解しているか」を理解できるようになる。さらには、組織内の人たち、つまり上司、部下、そして他の分野の同僚に対し、「あなたが組織に貢献するためには、私はあなたにどのような貢献をしなければならないか」「いつ、どのように、どのような形で貢献しなければならないか」を聞けるようになる。

ゼネラリストについての意味ある唯一の定義は、自らの狭い専門知識を、知識の全領域の中に正しく位置づけられる人のことである。いくつかの複数の専門領域について知識をもつ専門家もいる。だがたとえ複数の専門領域をもっていても、ゼネラリストとはいえない。単に、いくつかの専門領域のスペシャリストであるにすぎない。たとえ三つの領域に通じていても、一つにしか通じていない人と同じように、偏狭でありうる。

自らの貢献に責任をもつ人は、その狭い専門分野を真の全体に関係づけることができる。もちろん、たくさんの知識分野を統合するなどということは決してできない。だが彼らは、自らの仕事の成果を活かしてもらうためには、ほかの人のニーズや方向、限界や認識を知らなければならないことを理解している。

貢献に責任をもつならば、多様性の豊かさと興奮を十分に味わえなくとも、学者の傲慢さ、すなわち知識を破壊し、知識から美と成果を奪う、あの進行性の病いから身を守る免疫性は手に入れられるはずである。

よい人間関係をもつ秘訣

人間関係に優れた才能をもつからといって、よい人間関係がもてるわけではない。自らの仕事や人との関係において、貢献に焦点を合わせることにより、初めてよい人間関係がもてるのである。こうして、人間関係は生産的なものとなる。まさに生産的であることが、よい人間関係の唯一の定義である。

仕事に焦点を合わせた関係において成果が何もなければ、温かな会話や感情も無意味である。とりつくろいにすぎない。逆に、関係者全員にとって成果をもたらす関係であるならば、失礼な言葉があっても人間関係を壊すことはない。

われわれは、貢献に焦点を合わせることによって、コミュニケーション、チームワーク、自己啓発及び人材育成という、成果をあげるうえで必要な人間関係に関わる基本条件を満たすことができる。

第一に、長い間、マネジメント上の中心課題であったコミュニケーションが可能となる。企業、政府機関、軍、病院など、言い換えれば現代社会のすべての組織において、コミュニケーションは大きな関心事だった。しかしその結果は、まことにお粗末である。コミュニケーションは、現代組織におけるその必要性と欠如に気がついたころと同じように、その貧困さは変わっていない。コミュニケーションに関わる膨大な努力がなぜ成果を生み出せないかが理解され始めたのは、最近のことにすぎない。

これまで研究されてきたのは、経営管理者から従業員へ、上司から部下へという、下方へのコミュニケーションだった。だがコミュニケーションは、下方への関係において行われるかぎり、事実上不可能である。それは、知覚についての研究がすでに明らかにしているとおりである。上司が部下に何かを言おうと努力するほど、かえって部下が聞き違える危険が大きくなる。部下は、上司が言うことではなく、自分が聞きたいと期待していることを聞き取る。

仕事において貢献する者は、部下たちが貢献すべきことを要求する。「組織、及び上司である私は、あなたに対しどのような貢献の責任をもつべきか」「あなたに期待すべきことは何か」「あなたの知識や能力をもっともよく活用できる道は何か」を聞く。こうして初めて、コミュニケーションが可能となり、容易に行われるようになる。

その結果、まず部下が、「自分はどのような貢献を期待されるべきか」を考えるようになる。そこで初めて、上司の側に、部下の考える貢献について、その有効性を判断する権限と責任が生じる。私の経験によれば、部下が設定する目標は、ほとんど常に、上司が考えているものとは違う。部下は現実を、上司とはまったく違うように見ている。有能であるほど、また進んで責任をもとうとするほど、現実や機会やニーズについての見方が、上司のそれと違ってくる。この違いはかなり大きい。とはいえ、そのような違いはさして重要ではない。なぜならば、意味あるコミュニケーション、しかも成果に結びつくコミュニケーションがすでに確立されているからである。

第二に、貢献に焦点を合わせることによって、横へのコミュニケーション、すなわちチームワークが可能となる。「私の生み出すものが成果に結びつくためには、誰がそれを利用してくれなければならないか」との問いが、命令系統の上でも下でもない人たちの大切さを浮き彫りにする。それは、知識を中心とする組織のニーズからして当然のことである。

知識組織においては、成果をあげる仕事は、多種多様な知識や技能をもつ人たちで構成されるチームによって行われる。彼らは、フォーマルな組織構造に従ってではなく、状況の論理や仕事の要求に従って、自発的に協力して働く。

今日もっとも複雑な組織である病院では、医師だけでなく、看護婦、栄養士、理学療法士、医療技師、薬剤師、病理学者、その他諸々の医療サービス関係の専門家が、指揮や命令をほとんど受けることなく、同一の患者を相手にして働いている。彼らは、主治医の治療方針という総合的な行動計画に従って、共通の目的のために協力して働く。組織上は、彼ら医療サービスの専門家も、それぞれ上司をもつ。高度に専門化された知識分野において、プロとして働く。しかし彼らは、患者の状況や病状やニーズに基づいて、ほかのメンバーに十分な情報を与える。さもなければ、彼らの個々の仕事は、益よりも害を与える。

貢献に焦点を合わせることが当然のことになっている病院では、そのようなチームワークが、ほとんどいかなる困難もなしに実現されている。ところが、そうでない病院では、専門家の間の横のコミュニケーションや、任務に焦点を合わせたチームへの自発的な参加は、あらゆる種類の委員会、打ち合わせ、掲示、説得にもかかわらず、なかなか実現されない。

第三に、自己啓発と人材育成はその成果の大部分が、貢献に焦点を合わせるかどうかにかかっている。「組織の業績に対する自らのもっとも重要な貢献は何か」を自問することは、事実上、「いかなる自己啓発が必要か」「なすべき貢献のためには、いかなる知識や技能を身につけるべきか」「いかなる強みを仕事に適用すべきか」「いかなる基準をもって自らの基準とするか」を考えることである。

貢献に焦点を合わせるならば、部下、同僚、上司を問わず、他の人の自己啓発を触発することにもなる。属人的な基準ではなく、仕事のニーズに根ざした基準を設定することになる。すなわち、卓越性の要求である。強い意欲と、野心的な目標と、大きな影響のある仕事の追求である。

われわれは、自己啓発と人材育成について多くを知らない。しかし、唯一知っていることがある。知識労働者は、自らに課される要求に応じて成長する。自らが業績や達成とみなすものに従って成長する。自らが自らに求めるものが少なければ、成長しない。だが多くを求めるならば、何も達成しない者と同じ程度の努力で、巨人にまで成長する。

Part 3

自らをマネジメントする

1章　私の人生を変えた七つの経験

私の青年時代

知識によって働く者は、いかにして成果をあげられるようになるか。いかにして変化を乗り越え、キャリアを通じ、また人生を通じて、成果をあげ続けるようになるか。

これは、一人ひとりの人間にとって最大の問題である。したがって、私個人の経験も参考になるかもしれない。私の人生において、成果をあげられるようにし、成長と変化を続けられるようにしてくれた教訓、過去の囚人となることなく成長することを可能にしてくれた七つの経験について紹介したい。

私は一八歳で高校を卒業したあと、生まれ故郷のウィーンを出て、ドイツのハンブルクで綿製品の商社の見習いになった。父はそのことを喜ばなかった。家は代々、学者、官僚、弁護士、医師だった。当然父は、私が大学生として勉学に専念することを期待したが、私は学校に飽きており、働きたかった。一応、ハンブルク大学の法学部に入ることは入ったが、ほとんど父の手前入ったというにすぎなかった。

当時のオーストリアやドイツの大学は、授業には出なくてもよかった。それぞれの教授に申告し、サインをもらっておくだけでよかった。教授のところへ行く必要もなかった。学部の係に手数料を払えば手続きをしてくれた。

商社の見習いの仕事は恐ろしく退屈だった。学ぶことはほとんどなかった。勤務時間は朝の七時半から夕方の四時まで、土曜は昼までだった。自由時間だけはたくさんあった。週末には、私と同じようにオーストリアからやってきていた他の会社の見習い二人と、ハンブルク郊外の美しい丘をハイキングした。夜は、大学生だったので、ユースホステルに無料で泊まれた。

目標とビジョンをもって行動する――ヴェルディの教訓

こうして週に五日間も、たっぷり暇な夜の時間があった。ハンブルクの有名な市立図書館が勤め先のそばにあった。大学生には自由に本を貸してくれた。そこで私は、丸々一年半、毎日、ドイツ語、英語、フランス語の本を次から次へと読んだ。

週一回はオペラを聴きにいった。ハンブルクのオペラ座はヨーロッパでも最高水準にあった。私は見習いで給料はわずかだったが、大学生はオペラを無料で聴くことができた。上演の一時間ほど前に行って並ぶと、開始時間の一〇分ほど前に、売れ残りの安い席の切符がもらえた。そしてある夜、一九世紀の作曲家ヴェルディのオペラを聴いた。一八九三年に書いた最後のオペラ『ファルスタッフ』だった。

今日では、『ファルスタッフ』は、ヴェルディの作品の中でもポピュラーなものの一つになっている。しかし当時は、ほとんど上演されることのない作品だった。歌手にとっても、観客にとっても、難解すぎるとされていた。

私は圧倒された。子供のころから音楽に親しんでいた。当時のウィーンは、音楽がさかんだった。特にオペラはたくさん聴いていた。だが、『ファルスタッフ』は初めてだった。あの夜の衝撃は、その後一度たりとも忘れたことがない。

私は調べた。信じがたい力強さで人生のよろこびを歌いあげるあのオペラは、八〇歳の人の手によるものだった。一八歳の私には、八〇歳という年齢は想像もできなかった。八〇歳の人など、ひとりも知らなかった。平均寿命が五〇歳そこそこだった七〇年前、八〇歳は珍しかった。そして私は、すでにワーグナーと肩を並べる身でありながら、しかも八〇歳という年齢で、なぜ並はずれてむずかしいオペラをもう一曲書くという大変な仕事に取り組んだのかとの問いに答えた彼の言葉を知った。「いつも失敗してきた。だから、もう一度挑戦する必要があった」。私はこの言葉を忘れたことがない。それは心に消すことのできない刻印となった。

ヴェルディ自身は、一八歳のころ、すでに音楽家として名をあげていた。それにひきかえ、私に分かっていることは、綿製品の商人としての成功などありえないということだけだった。年の割には未熟なほうでもあった。経験もなく、実績もなかった。何を得意とし、何をすべきであるかを知ったのも、一五年ほど経った三〇代初めのころだった。

だが私は、そのときそこで、一生の仕事が何になろうとも、ヴェルディのその言葉を道しるべにしようと決心した。そのとき、いつまでも諦めずに、目標とビジョンをもって自分の道を歩き続けよう、失敗し続けるに違いなくとも完全を求めていこうと決心した。

神々が見ている――フェイディアスの教訓

ちょうどそのころ、まさにその完全とは何かを教えてくれる一つの物語を読んだ。ギリシャの彫刻家フェイディアスの話だった。紀元前四四〇年ころ、彼はアテネのパンテオンの屋根に建つ彫像群を完成させた。それらは今日でも西洋最高の彫刻とされている。だが彫像の完成後、フェイディアスの請求書に対し、アテネの会計官は支払いを拒んだ。「彫像の背中は見えない。誰にも見えない部分まで彫って、請求してくるとは何ごとか」と言った。それに対して、フェイディアスは次のように答えた。「そんなことはない。神々が見ている」。この話を読んだのは、ちょうど『ファルスタッフ』を聴いたあとだった。ここでも心を打たれた。

今日にいたるも、私は到底そのような域には達していない。むしろ、神々に気づかれたくないことをたくさんしてきた。しかし私は、神々しか見ていなくとも、完全を求めていかなければならないということを、そのとき以来、肝に銘じている。

「あなたの本のなかで最高のものはどれか」とよく聞かれる。そのときには、次の作品ですと本気で言っている。ヴェルディが八〇歳のときに、それまでずっと取り逃がしてきた完全を追求して、新しいオペラを書いたときの言葉通りのことを意味しているつもりである。すでに私は、ヴェルディが『ファルスタッフ』を書いた歳を超えた。しかしちょうど今、二冊の本を構想し、実際に書き始めている。その二冊とも、これまでのどの本よりも優れたもの、重要なもの、完全に近いものにしたいと思っている。

一つのことに集中する――記者時代の決心

その後、私はフランクフルトに移った。初めは証券会社の見習いとして働いていたが、一九二九年一〇月、ニューヨーク株式市場が大暴落したため、会社がつぶれた。

その直後、ちょうど二〇歳の誕生日に、私はフランクフルト最大の新聞社に金融と外交を担当する記者として勤め始めた。大学のほうも、フランクフルト大学の法学部に籍を移した。当時は、誰でも簡単に大学を移れた。とはいえ、相変わらず、法律にはあまり関心がなかった。

しかし、ヴェルディとフェイディアスの教訓だけは身につけていた。記者は、いろいろなことを書かなくてはならない。そこで私は、少なくとも、有能な記者として知らなければならないことは、すべて知ろうと決心した。

新聞は夕刊紙だった。朝の六時に働き始め、最終版が印刷にまわされる午後の二時一五分に終わった。そこで私は、午後の残りの時間と夜を使って、何が何でも勉強することにした。国際関係や国際法、諸々の制度や機関、歴史、金融などについてだった。

やがて私は、一時に一つのことに集中して勉強するという自分なりの方法を身につけた。今でもこの方法を守っている。次々に新しいテーマを決める。統計学であったり、中世史であったり、日本画であったり、経済学であったりする。もちろんそれらのテーマを完全に自分のものにすることはできない。しかし、理解することはできるようになる。すでに六〇年以上にわたって、一時に一つのテーマを勉強するという方法を続けてきた。この方法でいろいろな知識を仕入れただけではない。新しい体系やアプローチ、あるいは手法を受け入れることができるようになった。勉強したテーマのそれぞれに、それぞれ別の前提や仮定があり、別の方法論があった。

定期的に検証と反省を行う――編集長の教訓

私がなぜ長い間、知的な世界において仕事を続けることができたかについて、次に紹介したいのは、勤め先の新聞社の編集長で、当時のヨーロッパでも指折りのジャーナリストだった人から教わったことである。

当時、記者の平均年齢は二二歳前後という恐ろしい若さだった。その中で私は、間もなく三人の論説委員のひとりに抜擢された。それほど優秀だったわけではない。記者として一流だったことは一度もない。実は、一九三〇年ころの当時、私の地位に就くべき人たち、年でいえば三五歳前後の人たちが、ヨーロッパ全体に払底していたからだった。

第一次大戦で大勢の働きざかりが死んでいた。そのため、重要な責任ある地位に、私のような若い人間を充てなければならなかった。太平洋戦争が終わって一〇年後の一九五〇年代の半ばから終わりのころ、私が訪れたころの日本に似ていた。

当時五〇歳くらいだったその編集長は、大変な苦労をして私たち若いスタッフを訓練し、指導した。毎週末、私たちの一人ひとりと差し向かいで、一週間の仕事ぶりについて話し合った。加えて半年ごとに、一度は新年に、一度は六月の夏休みに入る直前に、土曜の午後と日曜を使って、半年間の仕事ぶりについて話し合った。編集長はいつも、優れた仕事から取り上げた。次に、一生懸命やった仕事を取り上げた。その次に、一生懸命やらなかった仕事を取り上げた。最後に、お粗末な仕事や失敗した仕事を痛烈に批判した。

この一年に二度の話し合いの中で、いつも私たちは、最後の二時間を使ってこれから半年間の仕事について話し合った。それは、「集中すべきことは何か」「改善すべきことは何か」「勉強すべきことは何か」だった。私にとって、年に二度のこの話し合いは大きな楽しみになった。しかし新聞社を辞めた後は、そのようなことをしていたことさえ忘れた。

ところがその後、一〇年ほどたって、アメリカでこのことを思い出した。一九四〇年代の初めのころ、アメリカで大学の教授になり、同時にコンサルティングの仕事をしていた。何冊かの本も出していた。そのころ、フランクフルトの編集長が教えてくれたことを思い出した。それ以来私は、毎年夏になると、二週間ほど自由な時間をつくり、それまでの一年を反省することにしている。

そして、コンサルティング、執筆、授業のそれぞれについて、次の一年間の優先順位を決める。もちろん、毎年八月につくる計画どおりに一年を過ごせたことは一度もない。だがこの計画によって、私はいつも失敗し、今後も失敗するであろうが、とにかくヴェルディの言った完全を求めて努力するという決心に沿って、生きざるをえなくなっている。


新しい仕事が要求するものを考える――シニアパートナーの教訓

ものごとを学ぶことについての次の経験は、数年後のことだった。私は一九三三年にフランクフルトを離れ、ロンドンに渡った。初め大手の保険会社で証券アナリストをつとめ、一年ほどしてから、小さくはあったが、急速に成長していたある投資銀行に移った。そこでエコノミストとして、三人のシニアパートナーの補佐役を勤めた。ひとりは七〇代の創立者で、あとの二人は三〇代半ばだった。初めのころ、私はいちばん若いシニアパートナーの補佐役の仕事をやらされた。

ところが三か月ほどして、年配の創立者が私を部屋に呼びつけて、こう言った。「君が入社してきたときはあまり評価していなかったし、今もそれは変わらない。しかし君は、思っていたよりも、はるかに駄目だ。あきれるほどだ」。二人のシニアパートナーに毎日のように褒められていた私は、あっけにとられた。

その人はこう言った。「保険会社の証券アナリストとしてよくやっていたことは聞いている。しかし、証券アナリストをやりたいのなら、そのまま保険会社にいればよかったではないか。今君は、補佐役だ。ところが相も変わらずやっているのは証券アナリストの仕事だ。今の仕事で成果をあげるには、いったい何をしなければならないと思っているのか」。私は相当頭に血が上った。しかし、その人の言うことが正しいことは認めざるをえなかった。そこで私は、仕事の内容も、仕事の仕方も、すっかり変えた。

このとき以来、私は新しい仕事を始めるたびに、「新しい仕事で成果をあげるには何をしなければならないか」を自問している。もちろん答えは、そのたびに違ったものになっている。

コンサルタントの仕事を始めてから五〇年以上経つ。いろいろな国のいろいろな組織のために働いてきた。そして、あらゆる組織において、人材の最大の浪費は昇進人事の失敗であることを目にしてきた。昇進し、新しい仕事をまかされた有能な人たちのうち、本当に成功する人はあまりいない。無惨な失敗例も多い。もちろんいちばん多いのは、期待したほどではなかったという例である。その場合、昇進した人たちは、ただの凡人になっている。昇進人事の成功は本当に少ない。

一〇年あるいは一五年にわたって有能だった人が、なぜ急に凡人になってしまうのか。私の見てきたかぎり、それらの例のすべてにおいて、原因は、昇進した者が、ちょうど私が六〇年以上前、あのロンドンの投資銀行に入ったばかりのころにしていたこととまったく同じことをしていることにある。彼らは、新しい任務に就いていても、前の任務で成功していたこと、昇進をもたらしてくれたことをやり続ける。そのあげく、役に立たない仕事しかできなくなる。正確には、彼ら自身が無能になったからではなく、間違った仕事の仕方をしているために、そうなっている。

私は、これまで長い間、クライアントの組織の有能な人たちに必ず、同じ質問をすることにしてきた。それは「いかにして成果をあげられるようになったのか」である。事実上、ほとんど答えは同じだった。私と同じように、「もうだいぶ前に亡くなったむかしの上司のおかげだ」と答える。かつての上司が、私がロンドンにいたころ、あの老紳士が私にしてくれたこと、すなわち新しい任務が要求するものについて、徹底的に考え抜くことを彼らに教えている。

少なくとも私の経験では、このことを自分で発見した人はいない。誰かが言ってくれなければ分からないことである。同時に、このことは一度知ってしまえば、決して忘れることのないものである。そしてほとんど例外なく、その後は、誰でも新しい任務で成功するようになる。

新しい任務で成功するうえで必要なことは、卓越した知識や卓越した才能ではない。それは、新しい任務が要求するもの、新しい挑戦、仕事、課題において重要なことに集中することである。

書きとめておく――イエズス会とカルヴァン派の教訓

私は、一九三七年にイギリスからアメリカへやってきた。そして、あのロンドンでの経験から何年か経った一九四五年ころ、新しい勉強のテーマとして、近世初期、つまり一五世紀から一六世紀にかけてのヨーロッパを取り上げた。

私は、ちょうど当時ヨーロッパで力をもつようになった二つの社会的機関、すなわち南ヨーロッパを中心とするカトリック社会におけるイエズス会と、北ヨーロッパを中心とするプロテスタント社会におけるカルヴァン派の二つの社会的機関が、奇しくもまったく同じ方法によって成長していたことを知った。この二つの組織は別々に、ただし一五三四年と一五四一年という同時期に創設されていた。しかも創設時から、まったく同じ学習方法を採用していた。

イエズス会の修道士やカルヴァン派の牧師は、何か重要な決定をする際に、その期待する結果を書きとめておかなければならないことになっていた。一定期間の後、たとえば九か月後、実際の結果とその期待を見比べなければならなかった。そのおかげで、「自分は何がよく行えるか、何が強みか」を知ることができた。また「何を学ばなければならないか、どのような癖を直さなければならないか」、そして「どのような能力が欠けているか、何がよくできないか」を知ることができた。

私自身、この方法を五〇年以上続けている。この方法は、「強みは何か」という、人が自らについて知ることのできるもっとも重要なことを明らかにしてくれる。「何について改善する必要があるか」「いかなる改善が必要か」も明らかにしてくれる。さらには、「自分ができないこと、したがって行おうとしてはならないこと」も教えてくれる。

そしてまさに、「自らの強みが何か」を知ること、「それらの強みをいかにしてさらに強化するか」を知ること、そして「自分には何ができないか」を知ることこそ、継続学習の要である。

何によって知られたいか——シュンペーターの教訓

最後にもう一つ経験がある。これで自己啓発についての私の話は終わりである。ちょうど、ニューヨーク大学でマネジメントを教えるようになった一九四九年のクリスマスに、七五歳になっていた父アドルフが、数年前の退職以来住んでいたカリフォルニアから東海岸へ知り合いに会いにきた。

一九五〇年の一月三日、父と私は、父のむかしからの友人であるあの有名な経済学者シュンペーターを訪問した。当時六六歳ですでに世界的に有名になっていたシュンペーターは、ハーバード大学で教え、アメリカ経済学会の会長として活躍していた。

オーストリア大蔵省の官僚だった父は、大学で経済学を教えていた。一九〇二年、父は一九歳の秀才シュンペーターと出会った。二人にはまったく似たところがなかった。シュンペーターは雄弁で、行動家、自信家だった。父は静かで落ち着いた謙遜家だった。二人の友情はずっと続いていた。すでにシュンペーターは名をなしていた。ハーバードでの最後の年を迎えていた。その名は絶頂期にあった。

二人はむかし話を楽しんだ。いずれもウィーン生まれで、ウィーンで仕事をしていた。二人ともアメリカに移住してきた。シュンペーターは一九三二年に、父はその四年後に移住した。突然、父はにこにこしながら、「ジョセフ、自分が何によって知られたいか、今でも考えることはあるかね」と聞いた。シュンペーターは大きな声で笑った。私も笑った。というのは、シュンペーターは、あの二冊の経済学の傑作を書いた三〇歳ごろ、「ヨーロッパ一の美人を愛人にし、ヨーロッパ一の馬術家として、そしておそらくは、世界一の経済学者として知られたい」と言ったことで有名だったからである。

彼は答えた。「その質問は今でも、私には大切だ。でも、むかしとは考えが変わった。今は一人でも多く優秀な学生を一流の経済学者に育てた教師として知られたいと思っている」。おそらく彼は、そのとき父の顔に浮かんだ怪訝な表情を見たに違いない。というのは、「アドルフ、私も本や理論で名を残すだけでは満足できない歳になった。人を変えることができなかったら、何にも変えたことにはならないから」と続けたからである。

彼は、その五日後に亡くなった。父が訪ねていったのも、シュンペーターの病気が重いことを聞き、あまり長くないと思ったからだった。私は、今でもこの会話を忘れることができない。私は、この会話から三つのことを学んだ。

一つは、人は、何によって人に知られたいかを自問しなければならないということである。二つめは、その問いに対する答えは、歳をとるにつれて変わっていかなければならないということである。成長に伴って、変わっていかなければならないのである。三つめは、本当に知られるに値することは、人を素晴らしい人に変えることであるということである。

成長と自己変革を続けるために

これらのことを紹介したのは、簡単な理由からである。それは、私が知っている人のうち、長い人生において、ずっと成果をあげてきた人のすべてが、私と同じようなことを、どこかで学んでいるからである。企業で成功してきた人、学者で成功してきた人もそうである。軍人もそうである。医師や教師や芸術家もそうである。

私は、これまで大勢の人たちと一緒に仕事をしてきた。コンサルタントとして、企業、政府機関、大学、オペラハウス、オーケストラ、美術館など、いろいろな組織の人と会ってきた。そうしたときにいつも、私は何が彼らに成功をもたらしたかを聞き出してきた。そして、必ず素晴らしい話が聞けた。その結果わかったことは、成果をあげるにはどうしたらよいかという問いに対する答えは、「いくつか簡単なことを実行することである」ということだった。

第一に、ヴェルディの『ファルスタッフ』の話が教えてくれるようなビジョンをもつことである。努力を続けることこそ、老いることなく成熟するコツである。

第二に、私が気づいたところでは、成果をあげ続ける人は、フェイディアスと同じ仕事観をもっている。つまり神々が見ているという考え方である。彼らは、流すような仕事はしたがらない。仕事において真摯さを重視する。ということは、誇りをもち、完全を求めるということである。

第三に、そのような人たちに共通することとして、日常生活の中に継続学習を組み込んでいることである。もちろん彼らは、私がこれまで六〇年間行ってきたこと、つまりテーマごとに集中して勉強するという方法をとっているとはかぎらない。しかし彼らは、常に新しいことに取り組んでいる。昨日行ったことを今日も行うことに満足しない。何を行うにせよ、自らに対し、常により優れたことを行うことを課している。さらに多くの場合、新しい方法で行うことを課している。

第四に、自らを生き生きとさせ、成長を続けている人は、自らの仕事ぶりの評価を、仕事そのものの中に組み込んでいる。

第五に、きわめて多くの成功してきた人たちが、一六世紀のイエズス会やカルヴァン派が開発した手法、つまり行動や意思決定がもたらすべきものについての期待を、あらかじめ記録し、後日、実際の結果と比較してきている。そのようにして、彼らは自らの強みを知っている。改善や変更や学習しなければならないことを知っている。得意でないこと、したがって、他の人に任せるべきことまで知っている。

第六に、成果をあげている人たちに、その成功の原因となっている経験について聞くと、必ずといってよいほど、すでに亡くなった先生や上司から、仕事や地位や任務が変わったときには、新しい仕事が要求するものについて徹底的に考えるべきことを教えられ、実行させられてきたという。事実、新しい仕事というものは必ず、前の仕事とは違う何かを要求するものである。

しかし、これらのことすべての前提となるべきもっとも重要なこととして、成果をあげ続け、成長と自己変革を続けるには、自らの啓発と配属に自らが責任をもつということがある。

これはおそらく、かなり耳新しい助言と聞こえよう。しかしこれは、とりわけ日本のような国においては実行がむずかしい。企業にせよ、政府機関にせよ、日本の組織は、一人ひとりの人間を配属する責任や、彼らが必要とする経験や挑戦の機会を与える責任は、組織の側にあるという前提で運営されているからである。

私の知っているもっとも典型的な例は大企業の人事部である。あるいは、その手本となった伝統的な軍の人事部局である。私の知るかぎり、日本の大企業の人事部ほど責任感にあふれた人たちはない。しかしそれでも、人事部は変わらなければならない。それは、人事の決定者ではなく、教師、道案内、相談相手、助言者とならなければならない。

知識労働者の啓発やその配属についての責任は、本人にもたせなければならない。「どのような任務を必要としているか」「どのような任務の資格があるか」「どのような経験や知識や技能を必要としているか」との問いを発する責任は、一人ひとりの人間自身に課さなければならない。

もちろん、人事の最終決定は、本人の事情だけでできるものではない。組織そのもののニーズとの関係において行わなければならない。そして、その人間の強みや能力や仕事ぶりについての客観的な判断に基づいて行わなければならない。

しかしそれでもなお、一人ひとりの人間の啓発は本人の責任としなければならない。配属の責任も、本人の責任としなければならない。さもなければ、今日のように長い期間働くようになった時代において、知識労働者がいつまでも成果をあげ、生産的であり続け、成長し続けることは到底望みえない。

2章　自らの強みを知る

生き生きと働くための方法

これからは、誰もが自らをマネジメントしなければならない。自らをもっとも貢献できる場所に置き、成長していかなければならない。やがて、働く期間は五〇年に及ぶ。その間、生き生きと働くことができなければならない。自らが行うこと、その行い方、行うとき、さらにはそれらをいつ、いかに変えるかを知らなければならない。

知識労働者の寿命は、雇用主たる組織よりも長くなる。博士号のために二〇代後半まで大学院に残り、労働力市場への参入を遅らせたとしても、労働寿命は五〇年に及ぶ。今日の先進国の平均寿命を考えると、七〇代、八〇代まで生きる。途中からパートタイムになるとしても、七五歳ごろまでは働ける。

知識労働者たるものは、自らの組織よりも長く生きる。したがって、他の仕事を準備しておかなければならない。キャリアを変えられなければならない。自らをマネジメントすることができなければならない。つまるところ、これまで存在しなかった問題を考えなければならない。

強みは何か

誰でも、自らの強みについてはよくわかっていると思っている。だが、たいていは間違っている。わかっているのは、せいぜい弱みである。それさえ間違っていることが多い。しかし何ごとかをなし遂げるのは、強みによってである。弱みによって何かを行うことはできない。できないことによって何かを行うことなど、とうていできない。

長い人類の歴史において、わずか数十年前までは、自らの強みを知っても意味がなかった。生まれながらにして、仕事は決まっていた。農民の子は農民となり、耕作ができなければ落伍するだけだった。職人の子も職人になるしかなかった。

今日では、選択の自由がある。したがって、自らの属する場所がどこであるかを知るために、自らの強みを知ることが不可欠となっている。強みを知る方法は一つしかない。フィードバック分析である。何かをすることに決めたならば、何を期待するかをただちに書きとめておく。九か月後、一年後に、その期待と実際の結果を照合する。私自身、これを五〇年続けている。そのたびに驚かされている。これを行うならば、誰もが同じように驚かされる。

こうして二、三年のうちに、自らの強みが明らかになる。自らについて知りうることのうち、この強みこそもっとも重要である。さらに、自らが行っていることや行っていないことのうち、強みを発揮するうえで邪魔になっていることも明らかになる。それほどの強みではないことも明らかになる。

まったく強みのないこと、できないことも明らかになる。

フィードバック分析から分かること

フィードバック分析から、いくつかの行うべきことが明らかになる。第一は、明らかになった強みに集中することである。成果を生み出すものに集中することである。

第二は、その強みをさらに伸ばすことである。フィードバック分析は、伸ばすべき技能や新たに身につけるべき知識を明らかにする。更新すべき技能や知識を教える。同時に、自らの技能や知識の欠陥を教える。無能でない程度の技能や知識であれば、よほどのことがないかぎり、誰でも手に入れることができる。

第三は、無知の元凶ともいうべき知的な傲慢を正すことである。多くの人たち、特に一つのことに優れた人たちは他の分野を馬鹿にする。他の知識などなくとも十分とする。ところが、フィードバック分析は、仕事の失敗が、知っているべきことを知らなかったためであったり、専門以外の知識を軽視していたためであったことを明らかにする。

第四は、自らの悪癖を改めることである。行っていること、あるいは行っていないことのうち、仕事ぶりを改善し成果をあげるうえで邪魔になっていることを改めなければならない。フィードバック分析では、それらが明らかになる。

第五は、人への対し方が悪くて、みすみす成果をあげられなくすることを避けることである。頭のよい人たち、特に若い人たちは、人への対し方が潤滑油であることを知らないことが多い。

第六は、行っても成果のあがらないことは行わないことである。フィードバック分析は、そのような無駄を明らかにする。いかなる能力が足りないかを明らかにする。人には、苦手なものはいくつもある。超一流の技能や知識をもつ者は少ない。そのくせ人には、並の才能や技能さえもちえない分野がたくさんある。そのような分野では、仕事を引き受けてはならない。

第七は、努力しても並にしかなれない分野に無駄な時間を使わないことである。強みに集中すべきである。無能を並の水準にするには、一流を超一流にするよりも、はるかに多くのエネルギーを必要とする。しかるに、多くの人たち、組織、そして学校の先生方が、無能を並にすることに懸命になっている。資源にしても時間にしても、強みをもとに、スターを生むために使うべきである。

仕事の仕方に着目する

自らがいかなる仕事の仕方を得意とするかは、強みと同じように重要である。実際には、強みよりも重要かもしれない。ところが驚くほど多くの人たちが、仕事にはいろいろな仕方があることを知らない。そのため得意でない仕方で仕事をし、当然成果はあがらないという結果に陥っている。

強みと同じように、仕事の仕方も人それぞれである。個性である。生まれつきか、育ちかは別として、それらの個性は仕事につくはるか前に形成される。したがって、仕事の仕方は、強みと同じように与件である。修正できても、変更することはできない。少なくとも簡単にはできない。そして、ちょうど強みを発揮できる仕事で成果をあげるように、人は得意な仕方で仕事の成果をあげる。

フィードバック分析は、不得手とする仕事の仕方も明らかにする。しかし、原因を明らかにすることはほとんどない。とはいえ、不得手な仕事の仕方を発見することはむずかしくない。仕事の経験が何年かは必要かもしれないが、やがて、いかなる仕事の仕方が成果をもたらすか、ただちに答えられるようになる。いくつかの性癖が、すでに仕事の仕方を規定しているからである。

仕事の仕方について初めに知っておくべきことは、自分が読む人間か、それとも聞く人間かということである。つまり、理解の仕方に関することである。世の中には読み手と聞き手がいること、しかも、その両方であるという人はほとんどいないということは知らない人が多い。自分が、そのどちらであるかを認識している人はさらに少ない。だが、これを知らないことが、いかに大きな害をもたらすかについては多くの例がある。

もう一つ仕事の仕方について知っておくべきことは、仕事の学び方である。学び方は、読み手か聞き手かという問題以上に深刻な状況にある。なぜならば、世界中のあらゆる国のあらゆる学校が、学び方には唯一の正しい方法があり、それは誰にとっても同じであるとの前提に立っているからである。

ベートーヴェンは膨大な数の楽譜の断片を遺した。彼自身のいうところによれば、作曲するときにそれらを見ることはなかった。なぜ楽譜に書くのかと聞かれて、一度書かないと忘れるが、一度書けば忘れない。だからもう見る必要はないと答えたという。

学び方は何種類もある。ベートーヴェンのように、膨大なメモをとることによって学ぶ人がいる。GMのスローンは会議中にメモをとらなかった。なかには、自分が話すのを自分が聞いて、学ぶ人がいる。あるいは、実際に仕事をしつつ学ぶ人がいる。

かつて一流の大学教授について調べたとき、かなりの人たちが、学生に教えるのは自分がする話を自分の耳で聞きたいからだ、そうすることによって初めて書けるようになると答えていた。

自らの学び方がどのようなものであるかは、かなり容易にわかる。得意な学び方はどのようなものかと聞けば、ほとんどの人が答えられる。では実際にそうしているかと聞けば、そうしている人はほとんどいない。だが、この自らの学び方についての知識に基づいて行動することこそ、成果をあげる鍵である。あるいは、それらの知識に基づいて行動しないことこそ、失敗を運命づけるものである。

人と組むか、ひとりでやるか

理解の仕方と学び方こそ、最初に考えるべきもっとも重要なことである。しかし、この二つだけでは十分ではない。仕事の仕方として、人と組んだほうがよいか、ひとりのほうがよいかも知らなければならない。組んだほうがよいのであれば、どのように組んだときよい仕事ができるかを知らなければならない。チームの一員として働くとき、最高の人がいる。助言役として、最高の人がいる。教師や相談役として最高の人がいる。相談役としては、まったく価値のない人もいる。

もう一つ知っておくべき大事なことがある。仕事の環境として、緊張感や不安があったほうが仕事ができるか、安定した環境のほうが仕事ができるかである。

さらには、大きな組織で歯車として働いたほうが仕事ができるか、小さな組織のほうが仕事ができるかである。どちらでもよいという人はあまりいない。GEやシティバンクのような大きな組織で成功しながら、小さな組織に移ったとたん、仕事がうまくいかなくなる人が大勢いる。逆に、小さな組織では素晴らしい仕事をしていながら、大きな組織に移ったとたんに、途方にくれる人がいる。

また、仕事上の役割として、意思決定者と補佐役のどちらのほうが成果をあげるかという問題がある。補佐役として最高でありながら、自ら意思決定をする重荷には耐えられない人がいる。逆に、勇気ある意思決定を自信をもって迅速に行う人がいる。

ナンバー・ツーとして活躍していたが、トップになったとたん挫折する人がいる。トップの座には、意思決定の能力が必要である。強力なトップは、信頼できる助力者としてナンバー・ツーを必要とする。ナンバー・ツーはナンバー・ツーとして最高の仕事をする。ところが、トップの跡を継いだとたん、仕事ができない。意思決定すべきことは理解しているが、意思決定の重荷を負えない。

これらのことから出てくる結論は一つである。今さら自らを変えようとしてはならない。うまくいくわけがない。それよりも、自らの得意とする仕事の仕方を向上させていくべきである。不得意な仕方で仕事を行おうとしてはならない。

価値観を優先する

自らをマネジメントするためには、強みや仕事の仕方とともに、自らの価値観を知っておかなければならない。

組織には価値観がある。そこに働く者にも価値観がある。組織において成果をあげるためには、働く者の価値観が組織の価値観になじまなければならない。同一である必要はない。だが、共存できなければならない。さもなければ、心楽しまず、成果もあがらない。

強みと仕事の仕方が合わないことはあまりない。両者は密接な関係にある。ところが、強みと価値観が合わないことは珍しくない。よくできること、特によくできること、恐ろしくよくできることが自らの価値観に合わない。世の中に貢献しているとの実感がわかず、人生のすべて、あるいはその一部を割くに値しないと思われることがある。

私自身、成功していたことと、自らの価値観との違いに悩んだ。一九三〇年代の半ば、ロンドンの投資銀行で働き、順風満帆だった。強みを存分に発揮していた。しかし、金を扱っていたのでは、世の中に貢献している実感がなかった。私にとって価値あるものは、金ではなく人だった。自分が金持ちになることにも価値を見出せなかった。大恐慌のさなかにあって、他に仕事の目当てがあるわけではなかった。だが、私は辞めた。正しい行動だった。

つまるところ、優先すべきは価値観である。

ところをうる

強み、仕事の仕方、価値観という三つの問題に答えが出さえすれば、得るべきところも明らかになるはずである。ただし、これは働き始めたばかりでわかることではない。

しかし、やがて得るべきところが明らかになる。得るべきところではないところも明らかになる。大組織では成果をあげられないことが分かったならば、いかによい地位が約束されていても断らなければならない。

もちろん、自らの強み、仕事の仕方、価値観が分かっていれば、機会、職場、仕事について、私がやりましょう、私のやり方はこうです、仕事はこういうものにすべきです、他の組織や人との関係はこうなります、これこれの期間内にこれこれのことを仕上げます、と言えるようになる。

最高のキャリアは、あらかじめ計画して手にできるものではない。自らの強み、仕事の仕方、価値観を知り、機会をつかむよう用意をした者だけが手にできる。なぜならば、自らの得るべきところを知ることによって、普通の人、単に有能なだけの働き者が、卓越した仕事を行うようになるからである。

3章 時間を管理する

自分の時間をどのように使っているか

通常、仕事に関する助言というと、計画することから始めなさい、というものが多い。まことにもっともらしい。だが問題は、それではうまくいかないことにある。計画は紙の上には残っているが、やるつもりのままで終わる。実際に行われることは稀である。

私の観察によれば、成果をあげる者は仕事からスタートしない。時間からスタートする。計画からもスタートしない。何に時間がとられているかを明らかにすることからスタートする。次に、時間を管理すべく、自分の時間を奪おうとする非生産的な要求を退ける。そして最後に、その結果得られた時間を大きくまとめる。すなわち、時間を記録し、管理し、まとめるという三つの段階が、成果をあげるための時間管理の基本となる。

成果をあげる者は、時間が制約要因であることを知っている。あらゆるプロセスにおいて、成果の限界を規定するものは、もっとも欠乏した資源である。それが時間である。時間は、借りたり、雇ったり、買ったりすることはできない。その供給は硬直的である。需要が大きくとも、供給は増加しない。価格もない。限界効用曲線もない。簡単に消滅する。蓄積もできない。永久に過ぎ去り、決して戻らない。したがって、時間は常に不足する。時間は他のもので代替できない。ほかの資源ならば、限界はあっても、代替することはできる。アルミの代わりに銅で代替できる。労働の代わりに資本で代替し、肉体の代わりに知識で代替できる。時間には、その代わりになるものがない。

時間はあらゆることに必要となる。時間こそ真に普遍的な制約条件である。あらゆる仕事が時間の中で行われ、時間を費やす。しかるに、ほとんどの人が、この代替できない必要不可欠な資源を当たり前のように扱う。おそらく、時間に対する愛情ある配慮ほど、成果をあげている人を際立たせるものはない。しかし一般に、人は時間を管理する用意ができていない。

空間感覚は、闇でも保てる。だがたとえ電気の明かりがあっても、何時間も密閉された部屋に置かれると、ほとんどの人が時間感覚を失う。経過した時間を過大に評価したり、過小に評価したりする。

われわれは、どのように時間を過ごしたかを、記憶に頼って知ることはできない。

ときどき、自分が時間をどう使っていると思うかを記憶自慢の人にメモしてもらい、そのメモを何週間か何か月かしまっておいてもらう。その間、実際に時間の記録をとらせる。彼らが思っていた時間の使い方と実際の記録は似ていたためしがない。

ある会社の会長は、時間を大きく三つに分けていると自分では思っていた。三分の一は幹部との時間、あとの三分の一は大切な客との時間、残り三分の一は地域活動のための時間だった。六週間にわたって記録をつけてもらったところ、これら三つの活動のいずれに対しても、ほとんど時間を使っていないことがわかった。それらは、割くべきであると考えられていた時間にすぎなかった。例によって都合のよい記憶なるものが、実際にそれらの仕事に時間を使っているように思い込ませていたのだった。たとえばこの人は、かなりの時間を、友人の顧客からの注文に早く応えるよう工場に催促の電話をすることに使っていた。しかも、注文はいつも円滑に処理されており、彼の干渉はむしろ注文を遅らせる原因になっていた。

秘書が時間の記録を示しても、社長は信じなかった。記憶よりも記録のほうが正しいことを納得させるために、二回、三回と、さらに時間の記録をとらなければならなかった。

時間を管理するには、まず自らの時間をどのように使っているかを知らなければならない。

時間を無駄にする仕事

時間を無駄に使わせる圧力は、常に働いている。なんの成果ももたらさない仕事が、時間の大半を奪っていく。ほとんどは無駄である。地位が高くなれば、その高くなった地位が、さらに時間を要求する。

ある大会社の社長は、社長就任後の二年間、クリスマスイヴと元日の夜以外は、会食だったそうである。しかも、ほとんどが数時間かかる公式の会食だった。永年勤続の退職者のためのものであろうと、進出先の州の知事のためのものであろうと、出席しなければならなかった。社交は彼の仕事だった。彼は、それらの会食が、会社のためにも、自らの楽しみや自己啓発にもたいして役に立っていないことを自覚していた。それでも彼は、毎晩会食に出て、愛想よく食事をしなければならなかった。

仕事には、時間を無駄にするものがたくさんある。上得意からの電話に向かって、「手がふさがっている」とはいえない。土曜のブリッジの話であろうと、娘が希望の大学に入れたという話であろうと、耳を傾けなければならない。

病院長は、病院内のあらゆる会議に出なければならない。出なければ、医者や看護婦や技術者は軽く見られていると思う。政府機関の長は、議員が電話してきて、電話帳や年鑑で簡単にわかるようなことを聞いても、ていねいに応対したほうがよい。そのようなことが一日中続く。誰でも事情は変わらない。成果には何も寄与しないが無視できない仕事に時間を取られる。膨大な時間が、ほとんど、あるいはまったく役に立たないことに費やされる。

仕事の多くは、たとえごくわずかの成果をあげるためであっても、まとまった時間を必要とする。こま切れでは、まったく意味がない。何もできず、やり直さなければならなくなる。

報告書の作成に六時間から八時間を要するとする。しかし一日に二回、一五分ずつを三週間充てても無駄である。得られるものは、いたずら書きにすぎない。ドアにカギをかけ、電話線を抜き、まとめて数時間取り組んで初めて、下書きの手前のもの、つまりゼロ号案が得られる。その後、ようやく、比較的短い時間の単位に分けて、章ごとあるいは節ごと、センテンスごとに書き直し、訂正し、編集して、筆を進めることができる。

実験についても同じことが言える。装置をそろえ、ひととおりの実験を行うには、五時間あるいは一二時間を一度に使わなければならない。中断すると、初めからやり直さなければならない。

時間をまとめる

時間は、大きなまとまりにする必要がある。小さなまとまりでは、いかに合計が多くとも役に立たない。このことは、特に人と働く場合の時間の使い方についていえる。人というものは時間の消費者であり、多くは時間の浪費者である。人のために時間を数分使うことは、まったく非生産的である。何かを伝えるためには、まとまった時間が必要である。計画や方向づけや仕事ぶりについて、部下と一五分で話せると思っても、勝手にそう思っているだけのことである。肝心なことを分からせ、影響を与えたいのであれば、一時間を必要とする。

何らかの人間関係を築くためには、はるかに多くの時間を必要とする。知識労働者との関係では、特に時間が必要である。上司と部下との間に、権力や権威が障壁として存在しないためか、あるいは逆に障害として存在するためか、それとも単にものごとを深刻に考えるためか、理由はともあれ、知識労働者は上司や同僚に多くの時間を要求する。

知識労働は、肉体労働のようには評価測定できない。そのため、正しい仕事をしているか、どのくらいよくしているかについて、簡単な言葉で聞いたり伝えたりすることができない。肉体労働者には、「標準は一時間五〇個だが、君は四二個しか生産していない」といえる。知識労働者については、満足すべき仕事をしているかどうかを知ることさえ容易でない。彼らとは、何をなぜ行わなければならないかについて、腰を据えて一緒に考えなければならない。ここでもまた、時間が必要となる。

知識労働者には、自らの方向づけを自らさせなければならない。何が、なぜ期待されているかを理解させなければならない。自らが生み出すものを活用する人たちの仕事を理解させなければならない。そのためには、多くの情報や対話や指導が必要となる。ここでも時間が必要となる。同僚にも時間を割かなければならない。

多少なりとも成果や業績をあげるためには、組織全体の成果や業績に焦点を当てなければならない。したがって、彼自身も、自らの目を、仕事から成果へ、専門分野から外の世界、すなわち成果が存在する唯一の場所たる外の世界へ向けるための時間を必要とする。

成果をあげている組織では、組織のトップたちが意識して時間を割き、「あなたの仕事について、何を知らなければならないか」「この組織について、何か気がついたことはないか」「われわれが手をつけていない機会は、どこにあるか」「まだ気づいていない危険は、どこにあるか」「私から聞きたいことは何か」と聞いている。

企業、政府機関、研究所、軍の参謀組織のいずれにおいても、話し合いが必要である。話し合いがなければ、知識労働者は熱意を失い、ことなかれ主義に陥るか、自らの精力を専門分野にのみ注ぎ、組織の機会やニーズとは無縁になっていく。そのような話し合いは、くつろいで、急がずに行わなければならないだけに、膨大な時間を必要とする。話し合いでは、ゆとりがあると感じられなければならない。それが結局は近道である。そのためには、中断のないまとまった時間を用意しなければならない。

仕事の関係に人間関係がからむと、時間はさらに必要となる。急げば摩擦を生ずる。あらゆる組織が、仕事の関係と人間関係の複合の上に成り立っている。ともに働く人が多いほど、相互作用だけで多くの時間が費やされる。仕事や成果や業績に割ける時間が、それだけ減る。

組織が大きくなるほど、実際に使える時間は少なくなる。自らの時間がどのように使われているかを知り、自由にできるわずかな時間を管理することが、それだけ重要になる。組織が大きいほど、人事についての意思決定の必要も頻繁に出てくる。人事についての決定こそ、手早く行うと失敗する。正しい人事のために必要とされる時間は、驚くほど多い。人事についての決定がどのような意味をもつかは、何度も考え直して、初めて明らかとなる。

今日、増大する余暇の過ごし方について困っているのは、知識労働者ではない。反対に、彼らの労働時間はますます長くなっており、時間への要求はさらに増大している。時間不足は、改善されるどころか、悪化していく。

このような事態の重大な原因の一つは、高い生活水準というものが、創造と変革の経済を前提としているところにある。創造と変革は、時間に対して膨大な要求を突きつける。短時間のうちに考えたり、行ったりすることのできるのは、すでに知っていることを考えるか、すでに行っていることを行うときだけである。

第二次大戦後のイギリス経済の不振についてはいろいろいわれているが、その原因の一つは、古い世代の企業人たちが、肉体労働者と同じように楽をし、同じように短時間の労働ですまそうとしたことにある。そのようなことが可能なのは、企業にしても、産業界全体にしても、既存の枠にしがみつき、創造と変革を避けることが許される場合だけである。

時間の使い方を記録する

時間をどのように使っているかを知り、続いて時間の管理に取り組むには、まず時間を記録する必要がある。熟練、未熟練の肉体労働については、一九〇〇年ごろ科学的管理法が時間の記録をとって以来知られている。今日では、あらゆる国において、肉体労働の作業時間を測定している。

われわれは、時間の使い方がそれほど重要でない仕事、すなわち時間の活用と浪費の違いが、主として能率とコストに関わる問題であるような肉体労働に、この知識を適用してきた。しかし、今後重要な意味をもってくる仕事であって、特に時間に関わる問題に対処しなければならなくなる仕事、すなわち知識労働者の仕事については、まだこの知識を適用していない。しかるに、知識労働者においては、時間の活用と浪費の違いこそ、成果と業績に直接関わる重大な問題である。

知識労働者が成果をあげるための第一歩は、実際の時間の使い方を記録することである。

時間の記録の具体的な方法については、気にする必要はない。自ら記録する人がいる。秘書に記録してもらう人がいる。重要なことは、記録することである。記憶によってあとで記録するのではなく、ほぼリアルタイムに記録していくことである。

継続して時間の記録をとり、その結果を毎月見ていかなければならない。最低でも年二回ほど、三、四週間記録をとるべきである。記録を見て、日々の日程を見直し、組み替えていかなければならない。半年も経てば、仕事に流されて、いかに些事に時間を浪費させられていたかを知る。

仕事を整理する

時間の使い方は、練習によって改善できる。だが、たえず努力をしないかぎり、仕事に流される。時間の記録の次に来る一歩は、体系的な時間の管理である。時間を浪費する非生産的な活動を見つけ、排除していくことである。そのためには、時間の使い方についての自己診断のために、いくつかの問いかけを自らに対して行っていく必要がある。

第一に、する必要のまったくない仕事、すなわち、いかなる成果も生まない完全な時間の浪費であるような仕事を見つけ、捨てなければならない。そのような浪費を見つけるには、時間の記録に出てくるすべての仕事について、「まったくしなかったならば、何が起こるか」を考えればよい。「何も起こらない」が答えであるならば、明らかに結論は、その仕事をただちにやめよということになる。やめても問題のないことをいかに多くしているかは驚くほどである。楽しみでも、得意でもなく、しかも古代エジプトの洪水のように毎年耐え忍んでいる行事、スピーチ、夕食会、委員会、役員会が山ほどある。ここでなすべきことは、自らの組織、自分自身、あるいは貢献すべきほかの組織に何ら貢献しない仕事に対しては、ノーということである。

毎晩会食していた社長がそれらの会食を分析したところ、三分の一以上は、会社から誰も出席しなくても構わないことが分かった。遺憾ながら、招待のいくつかは、参席がそれほど歓迎されていないことさえ分かった。招待は礼儀にすぎなかった。欠席するものと思われており、参席することによって、かえって困惑を招いていた。

第二に「他の人間でもやれることは何か」を考えなければならない。

地位や仕事を問わず、時間を要する手紙や書類の四分の一は、くず籠に放り込んでも気づかれもしない。そうでない人にお目にかかったことがない。

毎晩会食していた社長は、さらに三分の一はほかの幹部に任せられることを知った。参席者の名簿に会社の名前が出ていればよかった。

通常使われている意味での権限委譲は間違いであって、人を誤らせる。しかし、自らが行うべき仕事を委譲するのではなく、まさに自らが行うべき仕事に取り組むために、人にできることを任せることは、成果をあげるうえで必要なことである。

第三に、自らがコントロールし、自らが取り除くことのできる時間浪費の原因を排除しなければならない。これは、自らが他の人の時間を浪費しているケースである。簡単に分かる徴候はない。しかし発見のための簡単な方法はある。聞けばよい。「あなたの仕事に貢献せず、ただ時間を浪費させるようなことを、私は何かしているか」と定期的に聞けばよい。答えを恐れることなくこう質問できることが、成果をあげる者としての条件である。

もちろん、自分の仕事の仕方が、他の人の時間の大きな浪費につながっているケースもある。

ある役員は、部内の会議が時間の浪費であることを承知していた。彼は、議題のいかんにかかわらず、あらゆる会議に役職者全員を参加させていた。その結果、会議の出席者が多くなりすぎていた。しかも彼らは、会議に関心があることをアピールするだけのために、少なくとも一回はあまり意味のない質問をするようになっていた。そのため、会議はいつも長引いていた。

この役員は、部下たちもその会議を時間の浪費と考えていることを知らなかった。彼は、組織の全員が情報を共有すべきであり、かつ地位にふさわしい扱いを受けるべきであると考えていた。彼は、会議に呼ばれない人は、軽んじられたと感じるのではないかと恐れていた。

今日ではこの役員は、別の方法によって、そのような不安を解消している。会議の前に、次のような連絡メモを部内の全員に届けさせている。「私は〔スミス、ジョーンズ、及びロビンソンの各氏〕に対し、〔水曜の午後三時〕に〔四階会議室〕において、〔来年度の資本支出予算〕について検討するため、私と会議をもつよう手配しました。検討に参加を希望される場合、あるいは情報を必要とされる場合には、会議に出席されるようご案内します。なお出席されない場合においても、会議終了後、討議の要約と決定の内容をお届けし、その際には、あなたのコメントを要請することにします」

かつては十数人が出席し、午後一杯かけてしていた会議が、今では数人の出席者と、記録をとる秘書ひとりだけになり、一時間ほどですむようになった。しかも、誰ひとり、ないがしろにされたとは感じていない。

不必要かつ非生産的な時間が多いことについては、誰もがよく知っている。しかし、時間を整理することは恐れる。間違って重要なことを整理してしまうのではないかと恐れる。だが、そのような間違いは、ただちに訂正できる。整理しすぎれば、すぐに分かる。

時間の要求を整理しすぎる危険が、取り越し苦労にすぎないことは、かなり重症の病人や障害者が示す恐るべき成果の大きさから知ることができる。

よい例が、第二次大戦中にルーズベルト大統領の腹心だったハリー・ホプキンズだった。当時、重い病気にかかっていた彼は、歩くことさえ苦痛で、一日おきに数時間しか働けなかった。彼は、重要なこと以外は、すべて整理せざるをえなかった。しかし、仕事上の成果は少しも損なわれなかった。それどころか、チャーチルが「核心の大家」と呼んだように、戦時中のワシントンにおいて、誰よりも多くの仕事をなし遂げた。

マネジメントの欠陥がもたらす時間の浪費

時間の使い方を自己診断するためのこれら三つの方法は、自らがコントロールしうる非生産的な仕事に関するものである。すべての知識労働者が、常にこれらの問いを自らに発していかなければならない。ところがこれらの時間の浪費以外に、マネジメント上の欠陥に起因する時間の浪費がある。それらの間違いや欠陥は、あらゆる人の時間を浪費する。

第一に、システムの欠陥や先見性の欠如からくる時間の浪費である。ここにおいて発見すべき徴候は、周期的な混乱、繰り返される混乱である。二度起こった混乱を再び起こしてはならない。

毎年起こる在庫上の混乱は、この類である。コンピュータによってこの混乱に対処できるようになったことは、進歩とはいえない。繰り返し起こる混乱は予知できる。したがって、予防するか、事務的に処理できる日常の仕事にルーティン化しなければならない。ルーティン化とは、判断力のない未熟練の人でも、天才的な人間を必要とするような仕事を処理できるようにすることである。有能な人間が経験から学んだことを、体系的かつ段階的なプロセスにまとめてしまうことである。

繰り返される混乱は、組織の下のほうばかりでなく、あらゆるレベルで起こる。

ある大企業が、毎年年度末になると混乱に陥っていた。季節変動の大きな業種であることもあり、特に最終四半期には、売上げと収益が最低水準に落ちこんでいた。しかも予測が困難だった。にもかかわらず、第Ⅱ四半期末に出す中間報告では、最終四半期の収益を予測していた。そのため毎年、最終四半期に入ると、その予測にあわせるべく、急遽、全社的な緊急計画を策定していた。三週間から五週間は、トップマネジメントが誰も他の仕事をできなくなっていた。

だが、そのような年度末の混乱を解消するためには、ごく簡単な工夫で十分だった。最終四半期については幅を示すだけにした。取締役会、株主、金融機関も理解してくれた。こうして、恒例の数字あわせも、今では誰も気にしないようになった。しかも、トップマネジメントが時間を浪費しなくてすむようになった結果、業績自体が改善された。

アメリカ国防総省では、毎年春、年度末の六月三〇日を控えて、これと同じような最後の瞬間の危機と呼ぶべきものが全組織を襲っていた。五、六月になると、予算の返戻を恐れて、その消化に駆けずり回っていた。この騒ぎは、新任の長官マクナマラがすぐ気づいたように、不要だった。支出の繰り延べはもともと認められていた。

繰り返し起こる混乱は、ずさんさと怠慢の兆候である。

コンサルタントの仕事を始めたばかりのころ、私は製造についての知識がなく、マネジメントされた工場とそうでない工場を見分けられなかった。だがすぐに、マネジメントが行き届いた工場は静かであることに気づいた。逆に、産業の叙事詩ともいうべき騒然とした工場は、マネジメントされていないことを知った。よい工場は、見た目には退屈だった。混乱は予測され、対処の方法はルーティン化されている。そのため、劇的なことは何も起こらない。

よくマネジメントされた組織は、日常はむしろ退屈な組織である。そのような組織では、真に劇的なことは、昨日の尻ぬぐいのための空騒ぎではない。それは、明日をつくるための意思決定である。

第二に、人員過剰からくる時間の浪費がある。人が少なすぎるということはありうる。人が少なければ、仕事のできあがりはよくないかもしれない。だが、それは一般的な状況ではない。むしろよく見られるのは、成果をあげるには人が多すぎ、したがって、仕事をするよりも、たがいに作用し合い、影響し合うことに、ますます多くの時間が使われているという状況である。

人員過剰についても、かなり信頼できる兆候がある。もし、組織の上のほうの人たちが、時間をある程度以上おそらくは一割以上を、人間関係、反目や摩擦、担当や協力に関わる問題に取られているならば、人が多すぎることはほとんど確実である。お互いが仕事を邪魔している。スマートな組織では、衝突することなく動く余地がある。始終説明しなくとも、自分の仕事ができる。

第三に、組織構造の欠陥からくる時間の浪費がある。その兆候は、会議の過剰である。

会議は元来、組織の欠陥を補完するためのものである。人は、仕事をするか、会議に出るかである。同時に両方を行うことはできない。変化の時代にあっては至難なことだが、理想的に設計された組織とは、会議のない組織である。誰もが、仕事をするために知るべきことを知っている。仕事をするために必要な資源をみな手にしている。

何よりもまず、会議は原則ではなく、例外にしなければならない。みなが会議をしている組織は、何ごともなしえない組織である。もし時間の記録から、その四分の一以上が会議に費やされているという会議過多症が判明すれば、組織構造に欠陥があるとみてよい。会議への出席が、時間の多くを要求するようになってはならない。会議の過多は、仕事の組み立て方や、組織の単位に欠陥があることを示す。たとえば一つの仕事や組織単位に属すべき仕事が、いくつかの仕事や組織単位に振り分けられていることを示す。責任が分散され、情報が必要な人間に与えられていないことを示す。

第四に、情報に関わる機能障害からくる時間の浪費がある。

ある大病院の事務長は、長年の間、ベッドの空きを探す医者からの電話に応えてきた。入院窓口がベッドの空きはないと断言しても、この事務長はたいてい探し出した。これは、入院窓口が患者の退院をただちに知らされる体制になっていなかったためである。患者の退院については病棟の看護婦が知っていた。退院患者に勘定書を渡す会計窓口も知っていた。だが入院窓口には、患者の大部分が昼前に退院しているにもかかわらず、夕方五時のベッド調べ後の数字がいくようになっていた。天才でなくとも、この状況は簡単に改善できた。看護婦から会計窓口に回される伝票のカーボンコピーを一枚増やし、入院窓口に回すだけのことだった。

システムの欠陥や先見性の欠如、人員の過剰、組織構造の欠陥、情報の不全など、時間の浪費を招くマネジメント上の問題は、ただちに改善する必要がある。もちろん粘り強い努力を要することもある。だが、成果は大きい。特に、時間に関わる成果が大きい。

汝の時間を知れ

時間を記録して分析し、仕事を整理するならば、重要な仕事に割ける時間を把握できる。真の貢献をもたらす大きな仕事に利用できる自由な時間は、実際にはどのくらい残るか。実は、時間浪費の原因となっているものを容赦なく切り捨てていっても、自由になる大きな時間はさほど多くない。

地位が上がるほど、管理のしようがない時間、しかも、いかなる貢献ももたらさない時間の割合は多くなる。組織が大きくなるほど、組織を機能させ生産的にするための時間ではなく、単に組織を維持し運営するための時間が多くなる。

成果をあげるためには、自由に使える時間を大きくまとめる必要がある。大きくまとまった時間が必要なこと、小さな時間は役に立たないことを認識しなければならない。たとえ一日の時間の四分の一であっても、まとまった時間であれば、重要なことをするには十分である。逆に、たとえ一日の四分の三であっても、その多くが細切れではあまり役に立たない。したがって時間管理の最終段階は、時間の記録と仕事の整理によってもたらされた自由な時間をまとめることである。

時間をまとめるには、いろいろな方法がある。ある人たち、なかでも年配の人たちは、週に一日は家で仕事をしている。これは研究者がよく使う方法である。またある人たちは、会議や打ち合わせなど日常の仕事を、週に二日、たとえば月曜と金曜に集め、ほかの日、特に午前中は、重要な問題についての集中的かつ継続的な検討に当てている。

しかし、時間をまとめるための具体的な方法よりも、時間の管理に対するアプローチの仕方のほうがはるかに重要である。

ほとんどの人たちは、二次的な仕事を後回しにすることによって自由な時間をつくろうとする。そのようなアプローチの仕方では、たいしたことはできない。心の中で、また実際のスケジュール調整の中で、重要でない貢献度の低い仕事に、依然として優先権を与えてしまう。時間に対する新しい要求が出てくると、自由な時間や、そこでしようとしていた仕事のほうを犠牲にしてしまう。数日あるいは数週間後には、新しい危機や些事に食い荒らされて、せっかくの自由にできる時間は霧消している。

時間の管理は継続的に行わなければならない。継続的に時間の記録をとり、定期的に仕事の整理をしなければならない。そして、自由にできる時間の量を考え、重要な仕事については、締め切りを自ら設定しなければならない。

大きな成果をあげているある人は、緊急かつ重要な仕事とともに、気の進まない仕事についても、締め切りを設けたリストを作っている。それらの締め切り日に遅れ始めると、自由にできる時間が再び奪われつつあることを知る。

時間は稀少な資源である。時間を管理できなければ、何も管理できない。そのうえ、時間の分析は、自らの仕事を分析し、その仕事の中で何が本当に重要かを考えるうえでも、体系的かつ容易な方法である。汝自身を知れとのむかしからの知恵ある処方は、悲しい性の人間にとっては、不可能なほどにむずかしい。しかしその気があれば、汝の時間を知れとの命題には、誰でも従えるはずである。その結果、誰でも成果と貢献への道を歩める。

4章　もっとも重要なことに集中せよ

時間を無駄にしているヒマはない

成果をあげるための秘訣を一つだけあげるならば、それは集中である。成果をあげる人は、もっとも重要なことから始め、しかも、一度に一つのことしかしない。

集中が必要なのは、仕事の本質と人間の本質による。いくつかの理由はすでに明らかである。貢献を行うための時間よりも、行わなければならない貢献のほうが多いからである。行うべき貢献を分析すれば、当惑するほど多くの重要な仕事が出てくる。時間を分析すれば、真の貢献をもたらす仕事に割ける時間はあまりに少ないことがわかる。いかに時間を管理しようとも、時間の半分以上は、依然として自分の時間ではない。時間の収支は、常に赤字である。

上方への貢献に焦点を合わせるほど、まとまった時間が必要になる。忙しさに身を任せるのではなく、成果をあげることに力を入れるためには、継続的な努力が必要となる。成果を得るためのまとまった時間が必要となる。真に生産的な半日、あるいは二週間を手に入れるためには、厳しい自己管理と、ノーといえるだけの不動の決意が必要である。

自らの強みを生かそうとすれば、その強みを重要な機会に集中する必要を認識する。事実、それ以外に成果をあげる方法はない。二つはおろか、一つでさえ、よい仕事をすることはむずかしいという現実が、集中を要求する。人には驚くほど多様な能力がある。人はよろず屋である。だが、その多様性を生産的に使うためには、それらの多様な能力を一つの仕事に集中することが不可欠である。あらゆる能力を一つの成果に向けるには集中するしかない。

もちろん、いろいろな人がいる。同時に二つの仕事を手がけ、テンポを変えていったほうがよくできる人がいる。だがそのような人でも、二つの仕事のいずれにおいても成果をあげるには、まとまった時間が必要である。ただし、三つの仕事を同時に抱えて卓越した成果をあげる人はほとんどいない。

もちろんモーツァルトがいた。彼はいくつかの曲を同時に進めた。すべてが傑作だった。彼は唯一の例外である。バッハ、ヘンデル、ハイドン、ヴェルディは、多作であっても、一度に一曲しか作らなかった。一つを終わらせてからか、一時わきに置いてからでなければ、新しい曲にかからなかった。組織で働く者が仕事のモーツァルトになることは至難である。

集中は、あまりに多くの仕事に囲まれているからこそ必要となる。なぜなら、一度に一つのことを行うことによってのみ、早く仕事ができるからである。時間と労力と資源を集中するほど、実際にやれる仕事の数や種類は多くなる。これこそ困難な仕事をいくつも行う人たちの秘訣である。彼らは一時に一つの仕事をする。その結果、ほかの人たちよりも少ない時間しか必要としない。

かえって、いかなる成果もあげられない人のほうがよく働いている。成果のあがらない人は、第一に、一つの仕事に必要な時間を過小評価する。すべてがうまくいくものと楽観する。だが誰もが知っているように、うまくいくものなど一つもない。予期しないことが、常に起こる。しかも、予期しないことは、ほとんど常に、愉快なことではない。したがって、成果をあげるためには、実際に必要な時間よりも余裕を見なければならない。

第二に、彼らは急ごうとする。そのため、さらに遅れる。成果をあげる者は、時間と競争しない。ゆっくり進む。

第三に、彼らは同時にいくつかのことをする。そのため手がけている仕事のどれ一つにも、まとまった時間を割けない。いずれか一つが問題にぶつかると、すべてがストップする。

成果をあげる人は、多くのことをなさなければならないこと、しかも成果をあげなければならないことを知っている。したがって、自らの時間とエネルギー、そして組織全体の時間とエネルギーを、一つのことに集中する。もっとも重要なことを最初に行うべく、集中する。

古くなったものを整理する

集中するための第一の原則は、もはや生産的でなくなった過去のものを捨てることである。そのためには、自らの仕事と部下の仕事を定期的に見直し、「まだ行っていなかったとして、今これに手をつけるか」を問わなければならない。答えが無条件にイエスでないかぎり、やめるか、大幅に縮小すべきである。もはや生産的でなくなった過去のもののために、資源を投じてはならない。ただちに、昨日の仕事に充てていた第一級の資源、特に人間の強みという稀少な資源を引き揚げ、明日の機会に充てなければならない。

誰もが、好むと好まざるにかかわらず、過去がもたらした問題に取り組んでいる。これは避けられないことである。今日という日は、常に昨日の決定や行動の結果である。

人は、いかなる肩書や地位をもとうとも、明日を知ることはできない。したがって、昨日いかに賢明であり、勇気があったとしても、その決定や行動は、今日になれば問題、混乱、愚かさとなる。企業、政府機関、その他いかなる組織においても、今日の資源は今日使わなければならない。したがって、自分や前任者が昨日行った意思決定や行動の後始末のために、今日、時間とエネルギーと頭を使わなければならなくなる。事実、この種の仕事が時間の半分以上をとる。

しかし、過去からの継承たる活動や仕事のうち、成果を期待しえなくなったものを捨てることによって、そのような過去への奉仕は減らしていくことができる。誰でも完全な失敗を捨てることはむずかしくない。完全な失敗は自然に消滅する。ところが昨日の成功は、非生産的となったあとも生き続ける。もう一つ、むしろそれよりもはるかに危険なものがある。本来うまくいくべきでありながら、なぜか成果のあがらない仕事である。

したがって、自らが成果をあげることを望み、組織が成果をあげることを望む者は、常に計画、活動、仕事を点検する。「これは価値があるか」を自問する。答えがノーであるならば、仕事の成果や組織の業績にとって、真に意味のある仕事に集中するために、それらのものを捨てる。成果をあげる者は、新しい活動を始める前に必ず古い活動を捨てる。肥満防止のためである。組織は油断するとすぐ、体型を崩し、しまりをなくし、扱いがたいものとなる。人からなる組織も、生物の組織と同じように、スマートかつ筋肉質であり続けなければならない。

新しいものにやさしいものはない。新しいものは、必ず問題にぶつかる。したがって、悪天候に入ったときに切り抜ける手だてを最初から講じておかなければ、失敗は必然である。そして、新しいものを難局から救う唯一の手だてが、仕事のできる人を用意しておくことである。そのような人は、常に忙しい。今の負担を軽くしてやらなければ、新しい仕事を引き受けてはもらえない。

新しいもののために新しく人を雇うことは危険である。すでに確立され、順調に運営されている活動を拡張するには、新しく人を雇い入れることができる。だが新しいものは、実績のある人、ベテランによって始められなければならない。新しい仕事というものは、どこかで誰かがすでに行っていることであっても、すべて賭けである。したがって、経験のある人ならば、門外漢を雇って新しい仕事を担当させるなどという、賭けを倍にするまねはしない。よそで働いていたときには天才に見えた人が、自分のところで働き始めて、半年もたたないうちに失敗してしまうという苦い経験を何度も味わっている。

古いものの計画的な廃棄こそ、新しいものを強力に進める唯一の方法である。私の知るかぎり、アイデアが不足している組織はない。創造力が問題ではない。そうではなく、せっかくのよいアイデアを実現すべく仕事をしている組織が少ないことが問題である。みなが、昨日の仕事に忙しすぎる。

劣後順位の決定が重要

明日のための生産的な仕事は、それらに使える時間の量を上回って存在する。加えて、明日のための機会は、それらに取り組める有能な人の数を上回って存在する。もちろん、問題や混乱は十分すぎるほど多い。

したがって、どの仕事が重要であり、どの仕事が重要でないかの決定が必要である。唯一の問題は、何がその決定をするかである。自らが決定するか、仕事からの圧力が決定するかである。何が決定するにせよ、仕事は利用できる時間に合わせて行わざるをえない。機会は、それを担当する有能な人が存在して、初めて実現できる。

圧力に屈したときには、重要な仕事が犠牲にされる。特に仕事のうちもっとも時間を使う部分、意思決定を行動に変えるための時間がなくなる。いかなる仕事も、組織的な行動や姿勢の一部になるまでは、スタートしたことにはならない。いかなる仕事も、誰かが自分の仕事として引き受け、新しいことを行う必要や、新しい方法を行う必要を受け入れなければ始まらない。いかにプロジェクトとして完結しているかに見えても、それを誰かが自分の仕事としてルーティン化しなければ完結するに至らない。時間がないために、それらのことが行われない場合には、それまでの仕事や労力はすべて無駄になる。だが仮にそうなったとしても、それは単に、仕事の優先順位を決定しなかったことの当然の報いである。

実は、本当に行うべきことは優先順位の決定ではない。優先順位の決定は比較的容易である。集中できる者があまりに少ないのは、劣後順位の決定、すなわち取り組むべきでない仕事の決定と、その決定の遵守が至難だからである。

延期とは断念を意味することを、誰もが知っている。延期した計画を後日取り上げることほど好ましからざるものはない。後日取り上げても、もはやタイミングは狂っている。タイミングは、あらゆるものの成功にとってもっとも重要な要因である。五年前に賢明であったことを今日行っても、不満と失敗を招くにすぎない。延期は断念であるというこの事実が、何ごとであれ、劣後順位をつけて延期することを尻込みさせる。最優先の仕事ではないことは知っていても、劣後順位をつけることはあまりに危険であると思ってしまう。捨てたものが、競争相手に成功をもたらすかもしれない。

必要なのは勇気だ

優先順位の分析については多くのことがいえる。しかし、優先順位と劣後順位に関して重要なことは、分析ではなく勇気である。優先順位の決定については、いくつかの重要な原則がある。しかしそれらの原則はすべて、分析ではなく勇気に関わるものである。

すなわち第一に、過去ではなく未来を選ぶことである。第二に、問題ではなく機会に焦点を当てることである。第三に、横並びではなく自らの方向性をもつことである。第四に、無難で容易なものではなく、変革をもたらすものに照準を合わせることである。

科学者についての分析の多くが、少なくともアインシュタイン、ニールス・ボーア、マックス・プランクなどの天才は別として、科学的な業績は、研究能力よりも機会を追求する勇気によって左右されることを教えている。問題に挑戦するのではなく、容易に成功しそうなものを選ぶようでは、大きな成果はあげられない。膨大な注釈の集まりは生み出せるだろうが、自らの名を冠した法則や思想を生み出すことはできない。大きな業績をあげる者は、機会を中心に研究の優先順位を決め、他の要素は、決定要因ではなく制約要因にすぎないと見る。

同じように、マネジメントの世界においても、大きな成功を収める企業は、既存の製品ラインの中で新製品を出す企業ではなく、技術や事業のイノベーションを目ざす企業である。一般的にいって、小さくて新しいものも、大きくて新しいものも、危険で困難、かつ不確実なことに変わりはない。問題の解決、すなわち昨日の均衡の回復などよりも、機会を成果に変えることのほうが、はるかに生産的である。

優先順位や劣後順位は、現実に照らして検討修正していかなければならない。歴代のアメリカ大統領のうち、就任時の優先順位のリストを変更しなかった者はいない。もちろん優先順位の高い仕事を実現していくことによっても、優先順位は変わっていく。

集中とは、「真に意味あることは何か」「もっとも重要なことは何か」という観点から、時間と仕事について、自ら意思決定をする勇気のことである。この集中こそ、時間や仕事の従者となることなく、逆にそれらの主人となるための唯一の方法である。

Part 4

意思決定のための基礎知識

1章　意思決定の秘訣

正しい意思決定を導く五つのステップ

成果をあげるためには、意思決定の数を多くしてはならない。重要な意思決定に集中する必要がある。個々の問題ではなく、根本的なことについて考えなければならない。問題の根本をよく理解して決定しなければならない。不変のものを見なければならない。したがって、決定の早さを重視してはならない。あまりに多くを操ることは、かえって思考の不十分さを表わす。

何についての決定であり、何を満足させるかを知る必要がある。形にこだわることなく、インパクトを求めなければならない。賢くあろうとせず、健全であろうとしなければならない。

基本をよく理解して決定すべきものと、個々の事情に基づいて決定すべきものとを峻別しなければならない。もっとも誤りやすい決定は、間違った妥協である。正しい妥協とそうでない妥協の見分け方を知らなければならない。

決定のプロセスでもっとも時間がかかるのは、決定そのものではなく、決定を実施に移す段階である。決定は実務レベルに下ろさないかぎり、決定とはいえず、よき意図にすぎない。このことは、決定そのものが基本の理解に関わるものであるのに対し、その実施は可能なかぎり実務レベルに近いところに位置づけなければならないことを意味する。

セオドア・ヴェイルは、アメリカの企業人の中でももっとも知られていない人物である。しかしおそらくアメリカの企業史上、意思決定においてもっとも成果をあげた人である。彼は、一九一〇年代から二〇年代にかけて、ベル・テレフォン・システムを世界最大の電話会社に育てあげた。

アルフレッド・P・スローン・ジュニアは、一九二二年にGMの社長に就任し、世界最大の自動車メーカーに育てあげた。ヴェイルとはまったく違うタイプの人物だった。しかし、スローンの名を不朽にしたカンパニー制に関する意思決定は、ヴェイルがベルのために行ったいくつかの意思決定とまったく同じ種類のものだった。スローンがその著『GMとともに』で言っているように、一九二二年当時のGMは、族長たちの割拠する連邦国家だった。彼らは、数年前まで自分の会社だった各カンパニーのマネジメントを行っていた。彼らは、それらがまだ自分の会社であるかのようにマネジメントしていた。スローンはそのような状況を、合併したばかりのGMが直面する特殊な問題としてではなく、大メーカーが直面する一般的な問題としてとらえた。

ヴェイルとスローンの意思決定の特徴は、その新奇性や独自性ではなく、次のようなものだった。第一に、問題の多くは基本に関わるものであり、原則や手順についての決定を通してのみ解決できることを認識していた。第二に、決定が満たすべき必要条件を明確にした。第三に、決定が受け入れられやすくするための妥協を考慮する前に、正しい答えすなわち必要条件を満足させる答えについて徹底的に検討した。第四に、決定に基づく行動を決定のプロセスに組み込んでいた。第五に、決定の適切さを結果によって検証するために、フィードバックを行った。

これらが、成果をあげる意思決定を行ううえで必要とされる五つのステップである。

問題は四種類ある

第一に、「基本的な問題か、例外的な問題か」「何度も起こることか、個別に対処すべきことか」を問わなければならない。基本的な問題は、原則や手順を通じて解決しなければならない。これに対し、例外的な問題は、その状況に従い個別の問題として解決する必要がある。厳密にいえば、あらゆる問題が、二つではなく四つの種類に分類できる。

まず、基本的な問題の兆候にすぎない問題がある。仕事の中で起こってくる問題のほとんどが、この種のものである。


たとえば在庫についての決定は、決定ではない。決定の適用にすぎない。生産管理についての決定も同様である。生産管理部は月に数百の問題を処理する。だが問題を分析すれば、そのほとんどはより基本的な問題の症状にすぎないことが明らかになる。一人ひとりの技術者は、このことに気づきにくい。

毎月数回、蒸気や高熱液体のパイプの継ぎ手を直している。だが何か月かをかけて、生産管理部全体の仕事を分析するならば、問題の一般性が明らかになる。圧力や温度が高すぎ、パイプの継ぎ手を強化する必要が生じている。全体に手をつけないかぎり、いつまでも問題は解決しない。パイプ漏れの手当てに膨大な時間をとられ続けるだけである。

次に、当事者にとっては例外的だが、実際には基本的、一般的な問題がある。

合併の申し入れを受けた企業は、それを受け入れるならば、将来、同じような申し入れを受けることはない。その企業、取締役会、経営陣に関するかぎり二度と起こらない特殊な問題になる。しかし合併は、常にどこかで起こっている基本的、一般的な問題である。したがって、申し入れを受け入れるか否かを判断するには、合併についての基本を知る必要がある。それを知るには、他の組織の経験に学べばよい。

三つめとして、真に例外的、特殊な問題がある。

一九六五年一一月に、セントローレンス川からワシントンに至る北米大陸の北東部全体で起こった停電は、当初の説明によれば例外的なものだった。一九六〇年代初期に多くの奇形児をもたらしたサリドマイド禍も、当初の説明によれば例外的なものだった。一〇〇〇万分の一、あるいは一億分の一の確率で起こるものと説明された。あのような複合障害の再現は、たとえば私の座っている椅子が、ある日突然、原子に分解するのと同じくらい考えられないことであると説明された。

実際には、真に例外的な問題というものはきわめて少ない。したがって、それらしきものに出会っても、「真に例外的なことか、それとも、まだ分からない何か新しいことの最初の現われか」を問う必要がある。

そして最後に、そのような何か新しい種類の基本的、一般的な問題の最初の現われとしての問題がある。

今日では、前述のアメリカ大陸北東部の停電やサリドマイド禍が、基本的な解決策が見出されないかぎり何度でも起こりうる種類の機能障害の最初の現われにすぎなかったことが明らかになっている。

真に例外的な問題を除き、あらゆる問題が基本の理解に基づいた解決策を必要とする。原則と手順による解決を必要とする。一度正しい原則を得るならば、同じ状況から発する問題は、すべて実務的に処理できる。問題の具体的な状況に応じて原則を適用できる。もちろん真に例外的な問題は個別に処理しなければならない。例外的な問題のために原則をつくることはできない。

したがって、意思決定の成果をあげるには、まず時間をかけ、問題が四種類のいずれであるかを知らなければならない。問題の種類を間違って理解するならば、決定も間違う。圧倒的に多く見られる間違いは、一般的な状況を特殊な問題の連続として見ることである。一般的な状況としての理解を欠き、したがって解決についての原則を欠くために、現場対応的に処理することである。結果は、常に失敗と不毛である。

問題解決の必要条件は何か

第二に、決定が満たすべき必要条件を明確にしなければならない。「その決定の目的は何か」「達成すべき最低限の目標は何か」「満足させるべき必要条件は何か」を明らかにしなければならない。決定が成果をあげるためには、必要条件を満足させなければならない。
必要条件を簡潔かつ明確にするほど、決定による成果はあがり、達成しようとするものを達成する可能性が高まる。逆に、いかに優れた決定に見えようとも、必要条件の理解に不備があれば、成果をあげられないことが確実である。必要条件は、「この問題を解決するために最低限必要なことは何か」を考え抜くことによって明らかになる。

一九二二年にGMのトップになったスローンも、おそらく「カンパニーの長から権限を取り上げることによって、必要条件は満たされるか」と自問したに違いない。彼の答えは、明確なノーだった。彼にとって問題解決の必要条件は、むしろカンパニーの長たちに権限と責任をもたせることだった。それは、統一性や管理の確保と同じように重要だった。スローンの必要条件は、個々の人間の折りあいの問題ではなく、組織全体の構造の問題として解決することを求めていた。この求めに応えたことが、スローンの解決策を永続させることになった。

必要条件を見つけることは必ずしも容易ではない。そのうえ、知的な人間ならば必ず意見の一致を見るというものでもない。

必要条件を満たさない決定は、成果をあげられない不適切な決定である。実際、そのような決定は間違った必要条件を満たす決定よりもたちが悪い。もちろん、正しい必要条件を満たさない決定も、間違った必要条件を満たす決定も間違いである。だが間違った必要条件を満たす決定ならば、救済することはできる。一応の成果はあがるからである。満たすべき条件を満たさない決定は、新しい問題を生むだけである。

一度行った決定をいつ放棄するかを知るためにも、必要条件を明確にしておくことが必要である。
さらに、必要条件を明確に理解しておくことは、もっとも危険な決定、すなわち万一都合の悪いことが起こらなければうまくいくかもしれないという決定を識別するうえで必要である。その種の決定は、もっともらしく見える。しかし必要条件を仔細に検討すれば、矛盾が出てくる。そのような決定が成功する可能性は皆無ではないが、きわめて小さい。奇跡の困った点は、稀にしか起こらないことにあるのではない。あてにできないことにある。

その典型は、一九六一年にケネディが行ったキューバ進攻の決定だった。満たすべき必要条件の一つは、カストロを倒すことだった。しかし同時に、もう一つ満たすべき必要条件があった。内政干渉に見えてはならないことだった。ここでは、第二の必要条件がばかげたものであって、キューバ人の蜂起を信ずる者は誰ひとりいなかったということは、ひとまず置く。だが当時のアメリカは、不介入の建前を必要条件にしていた。

このカストロ打倒とキューバ人蜂起の見せかけという二つの必要条件は、キューバ人ゲリラのピッグス湾上陸後、ただちにキューバ全島において打倒カストロの武装蜂起が起こり、しかもそれがキューバ軍を麻痺状態に陥れたときにのみ、同時に成立するものだった。不可能ではないにしても、キューバのような警察国家では起こりそうもないことだった。そのような計画は放棄するか、あるいはアメリカ軍による全面支援に変更するか、いずれかにすべきだった。

この誤りは、ケネディ自身が言っているように専門家のせいではなかった。事実、誤りの原因は、決定が満足させるべき必要条件を十分に検討していなかったこと、そして両立しえない二つの必要条件を、同時に満足させようとする決定は奇跡への祈りにすぎないという、不愉快な事実を認めなかったことにあった。

しかし、いかなる決定においても、この必要条件の明確化は事実ではなく、事実の解釈に基づいて行われる。すなわち、それ自体、危険を伴う判断である。もちろん、誰もが間違った決定を行う危険がある。事実誰もが、時に間違った決定を行う。だが明らかに必要条件を満たさないような決定を行ってはならない。

何が正しいかを考える

第三に、決定においては何が正しいかを考えなければならない。やがては妥協が必要になるからこそ、最初から、誰が正しいか、何が受け入れられやすいかという観点からスタートしてはならない。満たすべき必要条件を満足させるうえで何が正しいかを知らなければ、正しい妥協と間違った妥協を見分けることはできない。その結果、間違った妥協をする。

私はこのことを、一九四四年、初めての大きなコンサルティングの仕事として、GMの経営組織と経営方針についての調査に着手したときに教えられた。会長兼CEOだったスローンは、私を呼んでこういった。「何を調べ、何を書き、何を結論とすべきかはすべてお任せする。あなたの仕事だからだ。正しいと思うことは、そのまま書いてほしい。反応は気にしないでいただきたい。気に入られるとか入られないとかは関係ない。受け入れられやすくするために、妥協しようなどとは考えないでいただきたい。あなたの助けがなければ妥協できないような者は、この会社にはいないはずである。しかし、何が正しいかを最初に教えてくれなければ、正しい妥協もできなくなる」

意思決定を行うときには、この言葉を思い出すべきである。

妥協には二つの種類がある。一つは古い諺の「半切れのパンでも、ないよりはまし」、一つはソロモンの裁きの「半分の赤ん坊は、いないより悪い」という認識に基づく。前者では、半分は必要条件を満足させる。パンの目的は食用であり、半切れのパンは食用となる。しかし、半分の赤ん坊は必要条件を満足しない。半分の赤ん坊は、命あるものとしての子供の半分ではなく、二つに分けられた赤ん坊の死骸である。

そもそも「何が受け入れられやすいか」「何が反対を招くから言うべきでないか」を心配することは、無益であって、時間の無駄である。心配したことは起こらず、予想しなかった困難や反対が、突然、ほとんど対処しがたい障害となって現われる。換言するならば、「何が受け入れられやすいか」からスタートしても得るところはない。それどころか、通常、この問いに答える過程において、大切なことを犠牲にし、正しい答えはもちろん、成果に結びつく可能性のある答えを得る望みさえ失う。

決定を行動に移す

第四に、決定を行動に変えなければならない。決定においてもっとも困難な部分が、必要条件を検討する段階であるのに対し、もっとも時間のかかる部分は、成果をあげるべく決定を行動に移す段階である。

決定は、最初の段階から行動への取り組みをその中に組み込んでおかなければ、成果はあがらない。事実、決定の実行が具体的な手順として、誰か特定の人の仕事と責任になるまでは、いかなる決定も行われていないに等しい。それまでは、意図があるだけである。

これこそ、企業の経営方針の決定によく見られる状況である。すなわち、経営方針なるものには、行動するための措置が何も盛り込まれていない。その実行が、誰の仕事にも、誰の責任にもなっていない。そのため、それらの経営方針は、トップがまったく行う気のないお題目と冷たい目で見られることになる。

決定を行動に移すには、「誰がこの意思決定を知らなければならないか」「いかなる行動が必要か」「誰が行動をとるか」「行動すべき人間が行動するためには、その行動はいかなるものでなければならないか」を問わなければならない。これらのうち、特に最初と最後の問いが忘れられることが多い。そのため、ひどい結果を招くことがある。

オペレーションズ・リサーチの専門家の間で語られる有名な話が、「誰が決定を知らなければならないか」という問いの大切さを教える。

ある大手産業機械メーカーが、ユーザーの生産ラインで使われていたある標準的な機械の生産の中止を決定した。ただし、三年だけ生産ラインの更新用として生産販売を続けることにした。その結果、生産中止の決定後、それまで減少を続けていたユーザーからの注文が、生産中止に備えて増加した。

だが、「誰が決定を知らなければならないか」という問いがなかったため、このメーカーの購買部門の部品購入担当者には、その決定が知らされなかった。彼には、機械の売上げに応じて、一定の割合で部品を購入すべきことが指示されており、その指示が変更されなかった。いよいよその機械の生産が中止されたとき、倉庫には、八年分から一〇年分の部品が残った。それらの部品は、膨大な損失とともに処分された。

フィードバックの仕組みをつくる

第五に、決定の基礎となった仮定を現実に照らして継続的に検証していくために、決定そのものの中にフィードバックを講じておかなければならない。決定を行うのは人である。人は、間違いを犯す。最善を尽くしたとしても、必ずしも最高の決定を行えるわけではない、最善の決定といえども、間違っている可能性は高い。そのうえ、大きな成果をあげた決定も、やがて陳腐化する。

アイゼンハワー元帥が大統領に当選したとき、前任者のハリー・S・トルーマンは、「アイクもかわいそうに。元帥のときは命令すれば、その通り実行された。これからは、あの大きなオフィスから命令しても、何も起こらないだろう」と言ったという。だが「何も起こらない」のは、元帥のほうが権力があるからではない。それは、軍がはるかむかしから、命令なるものがそのまま実行されないことが多いことを知っており、命令の実行を確認するためのフィードバックを組織化しているからである。

軍では、決定を行った者が自分で出かけて確かめることが、唯一の信頼できるフィードバックであることを知っている。フィードバックは、はるかむかしから確立されている。トゥキュディデスやクセノフォンは当然のこととしていた。中国の戦略書やシーザーも当然のこととしていた。

大統領が手に入れられる唯一の情報たる報告書なるものは、まったく助けにならない。これに対し、あらゆる国の軍が、命令を出した将校が自ら出かけ確かめなければならないことを知っている。少なくとも副官を派遣する。命令を受けた当の部下からの報告をあてにしない。信用しないということではない。コミュニケーションが当てにならないことを知っているだけである。

大隊長自らが隊員食堂に出かけていって隊員用の食事を試食するのも、このためである。メニューを見て料理を運ばせることはできる。だが、そうはしない。自ら隊員食堂に出かけ、兵隊たちと同じ鍋からとる。

コンピュータの到来とともに、このことはますます重要になる。決定を行う者が、行動の現場から遠く隔てられるからである。自ら出かけ、自ら現場を見ることを当然のこととしないかぎり、ますます現実から遊離する。コンピュータが扱うことのできるものは抽象である。抽象されたものが信頼できるのは、それが具体的な現実によって確認されたときだけである。それがなければ、抽象は人を間違った方向へ導く。

自ら出かけ確かめることは、決定の前提となっていたものが有効か、それとも陳腐化しており、決定そのものを再検討する必要があるかどうかを知るための、唯一ではなくとも最善の方法である。われわれは、フィードバックのために、組織的な情報収集を必要とする。報告や数字も必要とする。しかし、現実に直接触れることを中心にしてフィードバックを行わないかぎり、すなわち自ら出かけ確かめないかぎり、不毛の独断から逃れることはできず、成果をあげることもできない。

評価測定のための基準を見出す

意思決定は判断である。いくつかの選択肢からの選択である。しかし決定が、正しいものと間違ったものからの選択であることは稀である。せいぜいのところ、かなり正しいものと、おそらく間違っているものからの選択である。はるかに多いのは、一方が他方よりもたぶん正しいだろうとさえいえないような二つの行動からの選択である。

意思決定についての文献のほとんどが、「まず事実を探せ」という。だが成果をあげる決定を行う者は、事実からスタートすることなどできないことを知っている。誰もが意見からスタートする。しかし、意見は未検証の仮説にすぎず、したがって、現実によって検証しなければならない。

そもそも何が事実であるかを確定するには、判断の基準、特に評価測定の基準についての決定が必要である。これが成果をあげる決定の要であり、通常、もっとも判断の分かれるところである。したがって成果をあげる決定は、決定についての文献の多くが説いているような事実についての合意からスタートすることはない。正しい決定は、共通の理解と、対立する意見、競合する選択肢をめぐる検討から生まれる。最初に事実を把握することはできない。判断の基準がなければ、事実というものがありえない。事象そのものは、事実ではない。

人は意見からスタートせざるをえない。最初から事実を探すことを求めるのは、好ましいことではない。なぜなら、誰もがするように、すでに決めている結論を裏づける事実を探すだけになるからである。しかも、見つけたい事実を探せない者はいない。

統計を知る者はこのことを知っており、したがって数字を信じない。彼は数字を見つけた者を知っているために、あるいは見つけた者を知らないために、数字に疑いをもつ。したがって、現実に照らして意見を検証するための唯一の厳格な方法は、まず初めに意見があること、また、そうでなければならないことを明確に認識することである。こうした認識があって初めて、仮説からスタートしていることを忘れずにすむ。

意思決定も、科学と同じように仮説が唯一の出発点である。われわれは、仮説をどう扱うかを知っている。論ずべきものではなく、検証すべきものである。こうしてわれわれは、どの仮説が有効であって真剣な検討に値し、どの仮説が検証によって排除されるかを知る。

したがってまず初めに、意見をもつことを奨励しなければならない。そして意見を表明する者に対しては、現実による検証を求めなければならない。「この仮説の有効性を検証するためには、何を知らなければならないか」「この意見が有効であるためには、事実はどうでなければならないか」を問わなければならない。

同時に、探すべきもの、調べるべきもの、検証すべきものが何であるかを徹底的に考え、明らかにすることを習慣化しなければならない。そして意見を表明する者に対しては、それによって、いかなる事実が予想されるか、いかなる事実を探すべきかを明らかにする責任を負うよう求めなければならない。

おそらく、ここにおいて決定的に重要な問いは、「判断の基準は何か」ということである。その答えから、問題の理解と意思決定に必要な評価測定の基準が得られる。成果をあげる正しい決定がいかに行われたかを分析するならば、常にそこには、きわめて多くの思考と労力が投じられていることを知る。

成果をあげる決定を行うには、それまでの評価測定の基準は正しくないものとみなさなければならない。そうでなければ、そもそも決定の必要はなく、簡単な調整で十分なはずである。昨日の意思決定は、昨日の評価測定の基準を反映している。新しい決定が必要になったということは、それまでの評価測定の基準が、もはや意味を失ったことを意味する。

評価測定のための基準を見出す最善の方法は、すでに述べたように、自ら出かけ、現実からフィードバックを得ることである。つまるところ、これは決定前のフィードバックである。

たとえば人事管理上の問題は、たいていの場合、平均値を評価測定の基準にしている。社員一〇〇人当たりの平均事故率、平均欠勤率、平均病欠率である。だが自分で出かけていって確認するならば、ただちに他の基準が必要なことに気づく。

平均値は、保険会社の役には立つが、人事の決定にとっては意味がない。それどころか、大きな間違いをもたらす。事故の多くは、工場の何か所かで起こる。欠勤の多くはいくつかの部門で起こる。欠勤はすでに周知のように、平均的に会社中で見られるものではなく、社員の一部、たとえば若い未婚女性に多い。平均値に依存していたのでは、期待する成果を生むどころか、事態を悪化させかねない。

評価測定のための適切な基準を見つけ出すことは、統計上の問題ではない。それはすでに、リスクを伴う判断の問題である。判断を行うために、いくつかの選択肢が必要である。一つの案しかなく、それにイエス、ノーを言うだけでは判断とはいえない。いくつかの選択肢があって初めて、何が問題であるかについて正しい洞察を得られる。したがって、決定によって成果をあげるためには、評価測定の基準についてもいくつかの選択肢が必要である。それらの中から、もっとも適切な基準を選び出さなければならない。

満場一致に注意せよ

選択肢すべてについて検討を加えなければ、視野は閉ざされたままとなる。成果をあげるには、教科書のいうような意見の一致ではなく、意見の不一致を生み出さなければならない。満場一致を求めるようなものではない。相反する意見の衝突、異なる視点との対話、異なる判断の間の選択があって、初めてよく行いうる。

したがって、決定においてもっとも重要なことは、意見の不一致が存在しないときには、決定を行うべきではないということである。


スローンは、GMの最高レベルの会議では、「それではこの決定に関しては、意見が完全に一致していると了解してよろしいか」と聞き、出席者全員がうなずくときには、「それでは、この問題について、異なる見解を引き出し、この決定がいかなる意味をもつかについて、もっと理解するための時間が必要と思われるので、いつものようにさらに検討することを提案したい」と言ったそうである。


スローンは、直観で決定を行うことはなかった。意見は、事実によって検証すべきことを強調していた。しかも、一つの結論からスタートし、それを裏づける事実を探すようなことは、絶対に行ってはならないとしていた。その彼が、正しい決定には適切な意見の不一致が必要であるとしていた。

意見の不一致は、三つの理由から必要である。

第一に、組織の囚人になることを防ぐからである。あらゆる人が、決定を行う者から何かを得ようとしている。特別のものを欲し、善意のもとに、都合のよい決定をしてもらおうとする。決定を行う者が、大統領であろうと、設計変更を行う新人の技術者であろうと変わらない。それら特別の要請や意図から脱するための唯一の方法が、十分検討され、事実によって裏づけられた反対意見である。

第二に、選択肢を与えるからである。いかに慎重に考え抜いても、選択肢のない決定は向こう見ずなばくちである。決定には、常に間違う危険が伴う。最初から間違っていることもあれば、状況の変化によって間違いになることもある。決定のプロセスにおいて、他の選択肢を考えてあれば、次に頼るべきものとして、十分に考えたもの、検討済みのもの、理解済みのものをもつことができる。選択肢がなければ、決定が有効に働かないことが明らかになったとき、途方にくれるだけである。

第三に、想像力を刺激するからである。問題を解決するには、想像力は必要ないとの説がある。だが、それは数字の世界だけである。政治、経済、社会、軍事のいずれであろうとも、不確実な問題においては、新しい状況をつくり出すような創造的な答えが必要である。想像力、すなわち知覚と理解が必要である。第一級の想像力は潤沢にはない。とはいっても、一般に考えられているほど稀なわけでもない。しかし想像力は、刺激しなければ隠れていて使われないままになる。反対意見、特に理論づけられ、検討し尽くされ、かつ裏づけられている反対意見こそ、想像力にとってのもっとも効果的な刺激剤となる。

成果をあげる者は、意図的に意見の不一致をつくりあげる。そうすることによって、もっともらしいが間違っている意見や、不完全な意見によってだまされることを防ぐ。選択を行い、決定を行えるようにする。決定の実施の段階で、その意思決定に欠陥があったり、間違ったりしていることが明らかになっても、途方に暮れることはない。さらに、自分だけでなく、同僚たちの想像力も引き出してくれる。

意見の不一致は、もっともらしい決定を正しい決定に変え、正しい決定を優れた決定に変える。一つの行動だけが正しく、他の行動はすべて間違っているという仮定からスタートしてはならない。「自分は正しく、彼は間違っている」という仮定からスタートしてはならない。そして、意見の不一致の原因は必ず突き止めるという決意からスタートしなければならない。

もちろん、ばかな人もいれば、無用の対立をあおるだけの人もいることは、承知しておかなければならない。だが、明白でわかりきったことに反対する人は、ばかか悪者に違いないと思ってはならない。反証がないかぎり、反対する者も知的で公正であると仮定しなければならない。明らかに間違った結論に達している人は、自分とは違う現実を見、違う問題に気づいているに違いないと考える必要がある。「もし彼の意見が、知的かつ合理的であると仮定するならば、いったい彼は、どのような現実を見ているのか」と考えるべきである。

成果をあげる人は、何よりもまず、問題の理解に関心をもつ。誰が正しく、誰が間違っているかなどは問題ではない。

法律事務所では、学校を出たばかりの新人弁護士に、最初の仕事として、相手側に立って論理を組み立てることを指示する。これは、依頼人のための論陣を張るうえで賢明なだけではない。つまるところ、相手側の弁護士も仕事ができると考えなければならないからである。新人にとってよい訓練になる。こうして、「こちらが正しい」という前提ではなく、相手側が何を知り、何を捉え、何をもってして勝てると信じているかを考え抜くことからスタートすべきことを学ぶ。敵味方それぞれの主張を二つの代替案として見ることを学ぶ。そうして初めて、こちら側の主張の意味も理解できる。相手側よりも、こちら側のほうがより正しいことを、確信をもって主張できる。

決定は本当に必要か

最後に、「意思決定は本当に必要か」を自問しなければならない。何も決定を行わないという代替案は、常に存在する。意思決定は外科手術である。システムに対する干渉であり、ショックを与えるリスクを伴う。よい外科医が不要な手術を行わないように、不要な決定を行ってはならない。

優れた決定を行う人も、優秀な外科医と同じように、それぞれスタイルは違う。ある人は大胆であり、ある人は保守的である。しかし、不要な決定は行わないという原則では一致している。何もしなければ事態が悪化するのであれば、決定を行わなければならない。同じことは、機会についてもいえる。急いで何かをしなければ重要な機会が消滅するのであれば、思い切った変革に着手しなければならない。

楽観的というわけではなく、何もしなくても問題は起こらないという状況がある。「何もしないと何が起こるか」という問いに対して、「何も起こらない」が答えであるならば、手をつけてはならない。状況は気になるが、切実ではなく、さしたる問題が起こりそうもないというときは、問題に手をつけてはならない。

このことを理解している人は稀である。たとえば、深刻な財務の悪化の中で合理化の先頭に立つ役員は、さして意味のないことでも放っておくことができない。合理化の対象は、営業あるいは物流である。そこで懸命かつ賢明に、営業部門と物流部門におけるコスト削減を成功させる。しかし、効率的にうまく運営されている工場で、二、三人の歳とった工員が不必要に雇われているると指摘し、せっかくの合理化努力の成果や自分自身の評判を台なしにしてしまう。二、三人の歳とった工員を解雇しても、たいした合理化効果はないという意見を、筋が通らないとして退ける。「みなが犠牲を払っているのに、工場だけが非効率でよいのか」という。

やがて危機が去ると、事業を救ったことは忘れられてしまう。しかし、歳とった二、三人のかわいそうな工員に無慈悲だったことは、決して忘れられることはない。当然である。すでに二〇

○○年も前に、ローマ法は、為政者は些事に執着するべからずといっている。このことを学ぶべき意思決定者は、まだ多い。

大部分の問題は、何もしなくてもうまくいくわけではないが、かといって、何もしないと取り返しがつかなくなるわけではない、といったものである。機会があるとしても、多くは、本当の変革や革新のための機会ではなく、改善のための機会である。問題にしても機会にしても、かなり規模は大きい。たしかに、行動しなくとも生き延びることはできる。だが行動すれば、状況は大きく改善される。そのような状況下においては、行動した場合としなかった場合の犠牲とリスクの大きさを比較しなければならない。

正しい決定のための原則はない。だが指針とすべき考え方は明確である。個々の具体的な状況において、行動すべきか否かの意思決定が困難なケースはほとんどない。第一に、得るものが犠牲やリスクを大幅に上回るならば行動しなければならない。第二に、行動するかしないか、いずれかにしなければならない。二股をかけたり、間をとろうとしてはならない。

扁桃腺や盲腸を半分切除しても、完全に切除した場合と同じように、感染などのリスクがある。手術は、するかしないかである。同じように決定も、行うか行わないかである。半分の行動はない。半分の行動こそ、常に誤りであり、必要最低限の条件、すなわち必要条件を満足させえない行動である。

勇気をもつ

これでいよいよ、決定を行う準備は整った。すなわち、決定が満たすべき必要条件は十分に検討し、選択肢はすべて検討し、得るべきものと付随する犠牲とリスクは、すべて天秤にかけた。すべては分かった。ここにおいて、何を行うべきかは明らかである。決定はほぼ完了した。しかし、まさに決定の多くが行方不明になるのが、このときである。決定が、愉快ではなく、評判もよくなく、容易でないことが急に明らかになる。

とうとうここで、決定には判断と同じくらい勇気が必要であることが明らかになる。薬は苦くなければならないという必然性はない。しかし一般的に、良薬は苦い。決定が苦くなければならないという必然性はない。しかし一般的に、成果をあげる決定は苦い。

ここで絶対にしてはならないことがある。「もう一度調べよう」という誘惑に負けてはならない。臆病者の手である。臆病者は、勇者が一度死ぬところを、一〇〇〇回死ぬ。「もう一度調べよう」という誘惑に対しては、「もう一度調べれば、何か新しいことが出てくると信ずべき理由はあるか」を問わなければならない。もし答えがノーであれば、再度調べようとしてはならない。自らの決断力のなさのために、有能な人たちの時間を無駄にすべきではない。

とはいえ、決定の意味について完全に理解しているという確信なしに、決定を急いではならない。相応の経験をもつ大人として、ソクラテスが神霊と呼んだもの、すなわち「気をつけよ」とささやく内なる声に、耳を傾けなければならない。意思決定の正しさを信ずるかぎり、困難や不快や恐怖があっても、決定はしなければならない。しかしほんの一瞬であっても、理由はわからずとも、心配や不安や気がかりがあるならば、しばらく決定を待つべきである。私のよく知っている最高の意思決定者のひとりは、「焦点がずれているようなときには、ちょっと待つことにしている」と言っている。

一〇回のうち九回は、不安に感じていたことが杞憂であることが明らかになる。しかし、一〇回に一回は、重要な事実を見落としたり、初歩的な間違いをしたり、まったく判断を間違っていたりしたことに気づく。一〇回に一回は、突然夜中に目が覚め、シャーロック・ホームズのように、重要なことは、「バスカヴィル家の犬が吠えなかった」ことだと気づく。

とはいっても、決定を延ばしすぎてはならない。数日、せいぜい数週間までである。それまでに神霊が話しかけてこなければ、好き嫌いにかかわらず、精力的かつ迅速に決定をしなければならない。人は、好きなことをするために報酬を手にしているのではない。なすべきことをなすために、成果をあげる意思決定をするために報酬を手にしている。

今日意思決定は、少数のトップだけが行うべきものではない。組織に働くほとんどあらゆる知識労働者が、なんらかの方法で、自ら決定をし、あるいは少なくとも、意思決定のプロセスにおいて積極的な役割を果たさなければならなくなっている。

かつては、トップマネジメントというきわめて小さな機関に特有の機能だったものが、今日の社会的機関、すなわち大規模な知識組織においては、急速に、あらゆる人の、あらゆる組織単位の、日常とまではいかなくとも通常の仕事となりつつある。今日では、意思決定をする能力は、知識労働者にとって、まさに成果をあげる能力そのものである。

2章　優れたコミュニケーションとは何か

四つの原理

コミュニケーションを改善する試みは、いたるところで見られる。コミュニケーションの手段も、豊富にある。組織内のコミュニケーションは、企業、政府、病院、大学、研究所、軍のいずれを問わず、最大の関心事になっている。にもかかわらず、明らかになったことといえば、コミュニケーションは得体の知れないものであるということだけである。コミュニケーションについての議論は多い。しかるに、実際のコミュニケーションは不足したままである。

すでにわれわれは、コミュニケーションについて四つの原理を知っている。コミュニケーションとは知覚であり、期待であり、要求である。情報とは違う。依存関係にはあるが、むしろ相反することのほうが多い。

仏教の禅僧、イスラム教のスーフィ教徒、タルムードのラビなどの公案に、「無人の山中で木が倒れたとき、音はするか」との問いがある。今日われわれは、答えがノーであることを知っている。たしかに、音波は発生する。だが、誰かが音を耳にしないかぎり、音はしない。音は知覚されることによって、音となる。ここにいう音こそ、コミュニケーションである。この答えは、新しくはない。神秘家たちも知っていた。「誰も聞かなければ、音はない」と答えた。

このむかしからの答えが、今日重要な意味をもつ。この答えは、コミュニケーションを成立させるものは、コミュニケーションの受け手であることを教える。それはコミュニケーションの内容を発する人間、すなわちコミュニケーターではない。彼は発するだけである。聞く者がいなければ、コミュニケーションは成立しない。意味のない音波があるだけである。これがコミュニケーションについての第一の原理である。

現存する最古の修辞論、プラトンの『パイドン』によれば、ソクラテスは「大工と話すときは、大工の言葉を使わなければならない」と説いた。

コミュニケーションは、受け手の言葉を使わなければ成立しない。受け手の経験にある言葉を使わなければならない。説明しても通じない。経験にない言葉で話しても、理解されない。受け手の知覚能力の範囲を越える。コミュニケーションを行おうとするときには、「このコミュニケーションは、受け手の知覚能力の範囲内か、受け手は受けとめられるか」を考える必要がある。

あらゆる事物に複数の側面があることを認識することは至難である。身をもって確認ずみのことでも、他の側面、裏側や別の面があること、しかもそれらの側面の様子が、自分の見ている側面とはまったく違うこと、したがって、それらの側面を見るかぎり、まったく違う理解をせざるをえないことがあることを認識することは至難である。だが、コミュニケーションを成立させるためには、受け手が何を見ているかを知らなければならない。また、それがなぜかを知らなければならない。

第二に、われわれは知覚することを期待しているものだけを知覚する。見ることを期待しているものを見、聞くことを期待しているものを聞く。事実、組織におけるコミュニケーションについての文献の多くは、期待していないものは反発を受け、この反発がコミュニケーションの障害になるとしている。だが反発は、さして重要ではない。本当に重要なことは、期待していないものは受けつけられもしないことにある。見えもしなければ聞こえもしない。無視される。あるいは間違って見られ、間違って聞かれる。期待していたものと同じであると思われる。

人の心は、期待していないものを知覚することに対し、また期待するものを知覚できないことに対し抵抗する。もちろん期待に反しているであろうことをあらかじめ警告することはできる。しかし警告を発するためには、そもそも知覚することを期待しているものが何かを知らなければならない。そのうえで、「期待に反している」ことを間違いなく伝える方策、つまり連続した心理状態を断ち切る一種のショックが必要となる。

受け手が見たり聞いたりしたいと思っているものを知ることなく、コミュニケーションを行うことはできない。受け手が期待するものを知って初めて、その期待を利用できる。あるいはまた、受け手の期待を破壊し、予期せぬことが起こりつつあることを強引に認めさせるためのショックが必要かどうかを知りうる。

新聞では、紙面の余白を埋めるために、ニュースとはまったく関係のない些事についての話を数行埋め草として使う。ところがこの埋め草がよく読まれ、よく記憶される。誰も知らないある公爵の城で、左右色違いのくつ下をはくことが流行し始めたなどという記事を、誰が読みたいと思うか。いわんやそれを記憶したいなど論外である。あるいは、初めてふくらし粉が使われたのは、いつどこであったかという記事も、読みたいとも覚えたいとも思わない。

しかるに、それらの埋め草は、現実に読まれ、どぎつい見出しの大事件は別としても、きわめてよく記憶される。それは、読者に何も要求していないからである。読者の関心とまったく関係がないからである。

第三に、コミュニケーションは常に、受け手に対し何かを要求する。受け手が何かになることを、何かをすることを、何かを信じることを要求する。それは常に、受け手それぞれの何かをしたいという気持ちに訴えようとする。コミュニケーションは、それが受け手の価値観や欲求や目的に合致するとき強力となる。それらのものに合致しないとき、まったく受けつけられないか、抵抗される。

もちろん、それらのものに合致しない場合でも、コミュニケーションが強力な力を発揮したときには、受け手の心を転向させる。受け手の信念や価値観や性格や欲求までも変えることができる。だがそのようなケースは、人の存在に関わる問題であって、きわめて稀である。人の心は、そのような変化に激しく抵抗する。聖書によれば、キリストさえ、迫害者サウロを信徒パウロとするためには、サウロをひとたび盲目にする必要があった。受け手の心を転向させることを目的とするコミュニケーションは、受け手に全面降伏を要求する。

第四に、コミュニケーションと情報は別物である。両者は依存関係にある。コミュニケーションは知覚の対象であり、情報は論理の対象である。情報は形式であって、それ自体に意味はない。それは人間の関係ではない。そこに人間的な要素はない。

情報は、感情、価値、期待、知覚といった人間的な属性を除去すればするほど、有効となり信頼性を高める。しかし、情報はコミュニケーションを前提とする。情報とは記号である。情報の受け手が、記号の意味を知らされていないとき、情報は使われるどころか受け取られもしない。情報の送り手と受け手の間に、あらかじめ、なんらかの了解つまりコミュニケーションが存在しなければならない。

しかるにコミュニケーションは、必ずしも情報を必要としない。事実、いかなる論理の裏づけもなしに経験を共有するときこそ、完全なコミュニケーションがもたらされる。コミュニケーションにとって重要なものは、知覚であって情報ではない。

「上から下へ」と「下から上へ」

それでは、コミュニケーションについてこれまで得られた知識や経験は、組織内のコミュニケーションについて何を教えるか。過去の失敗の原因や将来の成功の前提について何を教えるだろうか。

われわれはこれまで数百年にわたって、上から下へ向かってコミュニケーションを試みてきた。それは、「何を伝えたいか」に重点を置いてきた。コミュニケーションを成立させる者は、発し手であると前提していた。

もちろん、はっきりものを言ったり、書いたりする努力がいらないというわけではない。しかし、どのように話すかという問題が意味をもつのは、何を話すかという問題が解決されてからである。しかも、どのように上手に話したとしても、一方的に話したのでは話は通じない。

同様に、下の者の言うことを聞くことによっても、問題は解決されない。今から四〇年ほどまえ、エルトン・メイヨーは、それまでのコミュニケーションに対するアプローチの欠陥に気づき、上に立つ者は、すべからく下の者が言うことに耳を傾けるべしと指摘した。部下に理解させたいことからではなく、部下が知りたがっていることや興味をもっていること、すなわち知覚の用意のあることから着手しなければならないといった。今日でも、この考えは、あまり実地には応用されていないが、ヒューマン・リレーションズ派による古典的な処方箋として生きている。

もちろん耳を傾けることはコミュニケーションの前提である。しかし、耳を傾けるだけでは効果的なコミュニケーションは行われない。耳を傾けることは、上司が部下の言うことを理解して初めて効果をもつ。ということは、部下にコミュニケーションの能力があって、初めてコミュニケーションが有効になるということである。しかし上司にできないことが、どうして部下にできるか。できるという保証はない。

耳を傾けることが悪いわけではない。それは、上から下へのコミュニケーションが不毛だからといって、わかりやすく話したり書いたりすることや、自分の言葉ではなく相手の言葉を使うことが、いけないということにならないのと同じである。耳を傾けることを強調する考えの根本には、コミュニケーションは下から上へ向かうという認識、すなわち、コミュニケーションは、発し手よりも受け手からスタートするという認識がある。この認識自体は重要である。しかしそれでも、耳を傾けることは、コミュニケーションにおいてすべてではない。スタートにすぎない。

情報が多くなっても、その質がよくなっても、コミュニケーションに関わる問題は解決されないし、コミュニケーションギャップも解消されない。逆に、情報が多くなるほど、機能的かつ効果的なコミュニケーションが必要になる。つまり、情報が多くなれば、コミュニケーションギャップは、縮小するどころか、むしろ拡大しやすくなる。

目標によるマネジメント

ではここで、コミュニケーションについて何か建設的なことがいえるだろうか。われわれは何ができるだろうか。

目標と自己管理によるマネジメントこそ、コミュニケーションの前提である。目標と自己管理によるマネジメントにおいては、「自分はいかなる貢献を行うべきであると考えているか」が明らかにされる。こうして明らかにされる考えが、上司の期待どおりのものであることはむしろ稀である。実のところ、目標によるマネジメントの第一の目的は、上司と部下の知覚の仕方の違いを明らかにすることにある。もちろん彼らの知覚の仕方が違っていても、それが現実である。

実は、こうして同じ事実を違ったように見ていることをたがいに知ること自体が、価値あるコミュニケーションである。コミュニケーションの受け手たる部下は、目標と自己管理によるマネジメントによって、他の方法ではできない経験をもつ。その経験から上司を理解する。すなわち、意思決定の実体、優先順位の問題、なしたいこととなすべきこととの選択、そして意思決定の責任など、上司の抱える問題を理解することができる。

それでも彼は、問題の見方が上司とは違うかもしれない。事実、ほとんどの場合、上司とは見方が違う。また、そうあって当然である。だがそれでも彼は、上司の立場の複雑さを理解する。さらには、その複雑さこそ、上司の立場に固有のものであり、なにも上司が好き好んで作り出しているものではないことを理解する。

これらのことは、それ自体あまり意味のないことに見えるかもしれない。しかしそれは、これまでコミュニケーションに関わる経験の数々や、学習、記憶、知覚、動機についての研究がわれわれに教えてくれた結論をはっきり示しているはずである。その結論とは、コミュニケーションを成立させるには経験の共有が不可欠だということである。

コミュニケーションは、私からあなたへ伝達されるものではなく、われわれの中のひとりから、われわれの中のもうひとりへ伝達されるものである。組織において、コミュニケーションは手段ではない。それは組織のあり方の問題である。これこそ、われわれがこれまでの失敗から学んできたことであり、コミュニケーションを考えていくうえで基本となるべきもっとも重要な結論である。

3章　情報と組織

情報型組織の台頭

オフィスの未来像は、いまだ推測の域を越えない。しかし未来の組織は、急速に現実のものとなりつつある。それは情報を中心とする組織、つまり情報型組織である。

情報型組織といえども、組織図は従来の組織と同じに見えるかもしれない。だがそれは、従来の組織とは完全に異なる動きをする。組織の中の人間に対し、従来の組織とは異なる行動を要求する。

情報型組織は平らである。マネジメントの階層が従来の組織に比べ圧倒的に少ない。ある大手の多国籍メーカーでは、情報中心の組織に再設計したところ、一二の階層のうち七つを廃止することができた。

それらの階層は、権限の階層でも、意思決定の階層でも、さらには、管理の階層でもないことが明らかになった。情報の中継器にすぎなかった。電話の増幅器のように、情報を集結し、増幅し、組み替え、発信するだけだった。情報の中継ということであれば、経営管理者などというあやふやな人間よりも、情報システムのほうが優れている。このことは、特に調整を主たる仕事とする階層、総括担当役員、地域担当販売部長、もろもろの補佐職についていえる。

しかし情報型組織においては、必要とされ残される階層の仕事は、はるかに多く、はるかに厳しく、責任もはるかに重いものとなっていく。

しかも情報型組織は、管理の範囲についての法則、すなわちひとりの上司に報告する部下の人数は五、六名に抑えるべきであるとする原則を有名無実にする。この原則は新しい原則、すなわち、ひとりの上司に報告する部下の数は、部下が上下、左右との関係や意思疎通に責任を負う意欲によってのみ上限が定められるという、意思疎通の範囲についての原則と呼ぶべきものに取って代わられる。管理とは、単に情報の報告を入手する地位にすぎないことが、ようやく明らかにされたからである。情報ならば、報告よりも情報システムのほうが、より細部にわたり、より早く、しかもより正確に伝達することができる。

情報型組織は、必ずしも先端的な情報技術を必要としない。必要なのは、「誰が、どのような情報を、いつ、どこで必要としているか」を問う意思である。

イギリスは二〇〇年前、羽根ペンを用い、これらの問いによって世界でもっとも平らな組織をつくりあげ、インド大陸を支配した。階層はわずか四つであり、人の数も一〇〇〇人に満たなかった。しかも、そのほとんどは経験のない若者たちだった。

いわんや近代的な情報技術を中心に組織を構築するとき、この問いを発しなければならないのは当然である。そうして初めて、報告を受けることを主たる仕事とするような管理の階層や地位を廃止することができるのである。

柔軟性と多様性をあわせもつ組織

情報型組織においては、ありとあらゆる分野において、ソロの演奏家を置くことができる。また実際問題として、多くの場合、そのようなソロ演奏家を置くことが必要不可欠となる。

たとえばシティバンクは、ごく最近、世界中どこであれ、日本の主要顧客とその資金需要への対応を目的として、専任の上級副頭取をニューヨーク本社に置くことにした。この上級副頭取は、日本にあるシティバンクの支店の上司ではない。サービススタッフの一種でもない。完全にラインの人間である。ソロ演奏家であり、ベートーヴェンのピアノ協奏曲を弾くピアニストである。彼とオーケストラの団員、つまり銀行のそれぞれの部門は、演奏すべき楽譜を知っているがゆえに共演できる。たがいに協力し合えるのは、権限によるものではなく、むしろ共通の情報をもつからである。

オートメ工場もまた、製品専門家とでも呼ぶべき者を置かなければならないことを認識するに至っている。製品専門家は、地位は高いが部下はもたない。命令系統にも入っていない。彼らは、製品に品質上の問題が起こると、ただちに超ボス的なピンチヒッターの役割を果たす。

情報型組織は多様性を許容する。たとえば、同じ組織構造の中に、既存のものの最適化を担当するマネジメント部門と、既存のものを陳腐化し、今日とは違った明日をつくり出すことを担当する起業家部門とを共存させる。

従来の組織は、基本的には指揮命令の権限に基礎を置いていた。流れは上から下へ向かっていた。これに対し、情報型組織は責任に基礎を置く。流れは下から上へ向かったあと、再び下に向かって循環する。

情報型組織は、組織内の個人と部門が、自らの目標、優先順位、他との関係、意思の疎通に責任をもつときにのみ有効に機能する。したがって情報型組織においては、みなが「いかなる貢献と業績が期待されているか」「何が責任か」「自分が行おうとしていることを、組織内の誰が知り、理解すれば、協力し合えるか」「組織内の誰に、いかなる情報、知識、技術を求めるべきか」「誰が、自分の情報、知識、技術を求めているか」「誰を支援すべきか」「誰に支援を求めるべきか」を問わなければならない。

従来の組織は、軍をモデルにしている。ところが情報型組織は、オーケストラに似ている。すべての楽器が同じ楽譜を演奏する。受けもつパートは異なる。いっせいに演奏するものの、同じ音を合奏することはめったにない。バイオリンの数が多いからといって、第一バイオリンがホルンのボスであるわけではない。第一バイオリンは、第二バイオリンのボスでさえない。しかるにオーケストラは、一晩に、演奏様式も楽譜もソロの楽器もみなまったく異なる曲を五つも演奏する。

ただし、オーケストラにあっては、楽譜はあらかじめ指揮者と演奏者に渡されている。企業にあっては、楽譜は演奏中に書かれていく。情報型組織の中の人間はみな、あらかじめ明確にされ、合意された目標をもって、楽譜を知る手がかりとしなければならない。したがって、目標と自己管理によるマネジメントすなわち目標管理が、当然のこととして、情報型組織を統合する原動力となる。

かくして情報型組織は、高度の自己管理を要求するがゆえに、迅速な意思決定と対応を可能にする。さらに柔軟性と多様性を内包する。

自己管理と責任からなるリーダーシップ

情報型組織のこのような利点は、組織内に相互理解と共通の価値観、なかんずく相互信頼があって、初めて現実のものとなる。おそらくこれらの利点は、資本だけによって結合されたコングロマリットとは無縁であるということである。

もし演奏者の一人ひとりが楽譜を知らなければならないとするならば、共通の言葉、つまり統一のための共通の核がなければならない。経験が教えるところによれば、この核を提供できるのは共通の市場と共通の技術だけである。

すでに金による支配に基づくコングロマリットは、次々に崩壊している。ＩＴＴであれ、ガルフ&ウェスタンであれ、創立者すなわち前者ではハロルド・ジェニーン、後者ではチャールズ・ブルドーンが手を引くや、瓦解した。金による支配が唯一の共通言語であるような多角化は、バベルの塔のように、混乱とともに崩壊することが運命づけられている。

情報型組織は、自由寛大な組織ではない。規律の厳しい組織である。それは強力かつ決定的なリーダーシップを必要とする。一流の指揮者は例外なく、厳しい完全主義者である。一流の指揮者を一流たらしめるものは、最後列のもっとも役割の小さな楽器をして、オーケストラ全体のできを素晴らしいものにするよう演奏させる能力にある。言いかえれば、情報型組織がもっとも必要とするものは、現場からトップにいたるまで、自己管理と責任のうえに立つリーダーシップである。

4章 仕事としてのリーダーシップ

カリスマ性はいらない

今日、リーダーシップ論が猛威を振るっている。私のところにも、ある大手銀行の人事担当副社長が、「どうしたらカリスマ性が身につくかというテーマで、セミナーを開いてほしい」と、大真面目に電話をしてきた。

リーダーシップやリーダーの資質についての本や記事、会議があふれている。CEOたる者は、南軍騎兵隊の将校、あるいはエルビス・プレスリーのごとく振る舞わなければならないかのようである。

もちろん、リーダーシップは重要である。しかしそれは、今日、リーダーシップと名づけられ喧伝されているものとは大いに異なる。

それは、いわゆるリーダー的資質とは関係ない。カリスマ性とはさらに関係ない。神秘的なものではない。平凡で退屈なものである。その本質は行動にある。そもそもリーダーシップそれ自体が、よいものでも、望ましいものでもない。それは手段である。何のためのリーダーシップかが問題である。

今世紀におけるスターリン、ヒトラー、毛沢東の三人組ほど、カリスマ的なリーダーはいなかった。だが彼らは、史上かつてない悪行と苦痛を人類にもたらした似非リーダーだった。

リーダーシップは、カリスマ性に依存しない。ドワイト・アイゼンハワー、ジョージ・マーシャル、ハリー・トルーマンの三人は、稀なほど強力なリーダーだった。だがいずれも、爪のあかほどもカリスマ性をもっていなかった。第二次大戦後、西ドイツを再建したコンラッド・アデナウアーもそうだった。一八六〇年、あのやせこけたあか抜けしない田舎者だったイリノイの田舎出のエイブラハム・リンカーンほど、カリスマ性を感じさせない人物はいなかった。さらに、両大戦の間ほとんど完全に挫折していたチャーチルにも、カリスマ性はなかった。大事なことは、彼らが正しかったことだった。

カリスマ性はリーダーを破滅させる。柔軟性を奪い、不滅性を妄信させ、変化不能とする。スターリンにも、ヒトラーにも、毛沢東にも同じことが起こった。アレクサンダー大王が無能な敗者とならずにすんだのは、単に早世したからにすぎないことは古代史の定説である。カリスマ性は、リーダーとしての有効性を毫も約束するものではない。ジョン・F・ケネディは、歴代のホワイトハウスの住人の中で、もっともカリスマ性があった。だが、彼ほど何もできなかった大統領はいなかった。

リーダー的資質、リーダー的特性なるものも存在しない。フランクリン・D・ルーズベルト、ウィンストン・チャーチル、ジョージ・マーシャル、ドワイト・アイゼンハワー、バーナード・モンゴメリー、ダグラス・マッカーサーなどは、第二次大戦中、リーダーとして傑出していた。だが彼らのうち、いずれの二人をとっても、資質や特性が同じ者はいなかった。

リーダーシップの本質

それでは、カリスマ性でも資質でもないとすると、リーダーとは何か。

リーダーたることの第一の要件は、リーダーシップを仕事と見ることである。これこそ、カエサル（シーザー）、マッカーサー、モンゴメリー、GMを一九二〇年から五五年まで率いたアルフレッド・スローンなどのリーダーに共通することである。

効果的なリーダーシップの基礎とは、組織の使命を考え抜き、それを目に見える形で明確に定義し、確立することである。リーダーとは、目標を定め、優先順位を決め、基準を定め、それを維持する者である。もちろん、妥協することもある。

効果的なリーダーは、自分が世界の支配者ではないことを痛いほど知っている。スターリン、ヒトラー、毛沢東といった似非リーダーだけが幻想に取りつかれた。

リーダーは、妥協を受け入れる前に、何が正しく、望ましいかを考え抜く。リーダーの仕事は、明快な音を出すトランペットになることである。

リーダーと似非リーダーとの違いは目標にある。政治、経済、財政、人事など現実の制約によって妥協せざるをえなくなったとき、その妥協が使命と目標に沿っているか離れているかによって、リーダーであるか否かが決まる。リーダーが真の信奉者をもつか、日和見的な取り巻きをもつにすぎないかも、自らの行為によって範を示しつつ、いくつかの基本的な基準を守りぬけるか、捨てるかによって決まる。

リーダーたることの第二の要件は、リーダーシップを、地位や特権ではなく責任と見ることである。優れたリーダーは、常に厳しい。ことがうまくいかないとき、そして何ごともだいたいにおいてうまくいかないものだが、その失敗を人のせいにしない。ウィンストン・チャーチルが使命と目標を明確に定義したリーダーの範とするならば、第二次大戦中にアメリカの参謀本部議長を務めたジョージ・マーシャル将軍は、責任を負うリーダーの範である。ハリー・トルーマンがよく口にした「最終責任は私にある」との言葉も、リーダーの本質を示している。

真のリーダーは、他の誰でもなく、自らが最終的に責任を負うべきことを知っているがゆえに、部下を恐れない。ところが、似非リーダーは部下を恐れる。部下の追放に走る。優れたリーダーは、強力な部下を求める。部下を激励し、前進させ、誇りとする。部下の失敗に最終的な責任をもつがゆえに、部下の成功を脅威とせず、むしろ自らの成功と捉える。

リーダーは、うぬぼれの強い人であることがある。マッカーサー将軍にいたっては、ほとんど病的だった。逆に控えめな人であることもある。リンカーンやトルーマンにいたっては、劣等感をもっていたとさえいってよい。しかし彼ら三人はいずれも、まわりに有能で、独立心のある自信家を集めていた。部下を励まし、誉め、昇進させた。この三人とはまったく違うタイプのアイゼンハワーも、ヨーロッパ連合軍最高司令官を務めていたとき、そのようなリーダーだった。

もちろんリーダーといえども、有能な部下は、えてして野心家でもあるというリスクを十分知っている。しかしそれは、凡庸な部下にかしずかれるよりは、はるかに小さなリスクであることを自覚している。

ロシアでスターリンの死後に起きたように、また、あらゆる企業で常に起こっているように、優れたリーダーは、自らの退任や死をきっかけにして組織が崩壊することは、もっとも恥ずべきであることを知っている。

真のリーダーは、人間のエネルギーとビジョンを創造することこそが、自らの役割であることを知っている。

リーダーたる第三の要件は、信頼が得られることである。信頼が得られないかぎり、従う者はいない。そもそもリーダーに関する唯一の定義は、つき従う者がいるということである。

信頼するということは、必ずしもリーダーを好きになることではない。常に同意できるということでもない。リーダーの言うことが真意であると確信をもてることである。それは、真摯さという誠に古くさいものに対する確信である。リーダーが公言する信念とその行動は一致しなければならない。少なくとも矛盾してはならない。

もう一つ、古くから明らかになっていることとして、リーダーシップは賢さに支えられるものではない。一貫性に支えられるものである。

これらのことをその大手銀行の人事担当副社長である女性に電話で言うと、しばらく返事がなかった。やがて彼女は「それでは、経営者の条件として、ずいぶん前から明らかになっていることと変わりませんが」と言った。まったくその通りである。

5章　人の強みを生かす

強み重視の人事

成果をあげるためには、人の強みを生かさなければならない。弱みを気にしすぎてはならない。利用できるかぎりのあらゆる強み、すなわち同僚の強み、上司の強み、自らの強みを総動員しなければならない。強みこそが機会である。強みを生かすことは組織に特有の機能である。

組織といえども、人それぞれがもっている弱みを克服することはできない。しかし組織は、人の弱みを意味のないものにすることができる。組織の役割は、人間一人ひとりの強みを、共同の事業のための建築用ブロックとして使うところにある。

成果をあげるためには、強みを中心に据えて異動を行い、昇進させなければならない。人事においては、人の弱みを最小限に抑えるよりも、人の強みを最大限に発揮させなければならない。

リンカーン大統領は、グラント将軍の酒好きを聞いたとき、「銘柄が分かれば、ほかの将軍たちにも贈りなさい」といったという。ケンタッキーとイリノイの開拓地で育ったリンカーンは、飲酒の危険は十二分に承知していた。しかし北軍の将軍の中で、常に勝利をもたらしてくれたのはグラントだった。事実、彼を最高司令官に任命したことが、南北戦争の転換点となった。酒好きという弱みではなく、戦い上手という強みに基づいて司令官を選んだがゆえに、リンカーンの人事は成功した。

人の弱みに配慮して人事を行えば、うまくいったところで平凡な人事に終わる。強みだけの人間、完全な人間、完成した人間を探したとしても、結局は平凡な組織をつくってしまう。

大きな強みをもつ人は、ほとんど常に大きな弱みをもつ。山があるところには谷がある。しかも、あらゆる分野で強みをもつ人はいない。人の知識、経験、能力の全領域からすれば、偉大な天才も落第生である。申し分のない人間などありえない。そもそも何について申し分がないかも問題である。

できることではなく、できないことに気をとられ、弱みを避けようとする者は弱い人間である。おそらくは、強い人間に脅威を感じるのであろう。しかし、部下が強みをもち、成果をあげることによって苦労させられた者などひとりもいない。

アメリカの鉄鋼王アンドリュー・カーネギーが自らの墓碑銘に選んだ「おのれよりも優れた者に働いてもらう方法を知る男、ここに眠る」との言葉ほど、大きな自慢はない。まさに、これこそが、成果をあげるための処方である。もちろん、カーネギーの部下たちが優秀だったのは、彼が部下の強みを見出し、それを仕事に適用させたからだった。彼ら鉄鋼業の人材は、それぞれがそれぞれ特定の分野において、特定の仕事において優秀だった。もちろん、もっとも大きな成果をあげたのがカーネギーだった。

リー将軍にまつわる話は、人の強みを生かすことの本当の意味を教えてくれる。あるとき、部下の将軍のひとりが命令を無視し、リーの戦略を台なしにした。それが初めてではなかった。ふだんは感情を抑えるリーが怒った。しかし、落ち着いたところで、副官が「解任しますか」と聞いたところ、驚いたという顔で「ばかなことをいうな。彼は仕事ができる」といったという。

人に成果をあげさせるためには、「自分とうまくやっていけるか」を考えてはならない。「どのような貢献ができるか」を問わなければならない。「何ができないか」を考えてもならない。「何を非常によくできるか」を考えなければならない。特に人事では、一つの重要な分野における卓越性を求めなければならない。

強みをもつ分野を探し、それを仕事に適用させなければならないことは、人間の特性からくるところの必然である。全人的な人間や成熟した人間を求める議論には、人間のもっとも特殊な才能、すなわち一つの活動や成果のためにすべてを投入できるという能力に対する妬みの心がある。それは、卓越性に対する妬みである。人の卓越性は、一つの分野、あるいはわずかの分野において実現されるのみである。

強みに焦点を合わせることは、成果を要求することである。「何ができるか」を最初に問わなければ、真に貢献できるものよりも、はるかに低い水準に甘んじざるをえない。成果をあげることを初めから免除することになる。致命的ではなくとも、破壊的である。当然、現実的でもない。

真に厳しい上司とは、つまるところ、それぞれの道で一流の人間をつくる人である。彼らは、部下がよくできるはずのことから考え、次に、その部下が本当にそれを行うことを要求する。

組織の利点

弱みをもとにすることは、組織本来の機能に背く。組織とは、強みを成果に結びつけつつ、弱みを中和し無害化するための道具である。多くのことに強みをもつ人間は、組織を必要としないし、欲しもしない。彼らは独立して働いたほうがよい。しかしほとんどの者は、独力で成果をあげられるほど多様な強みをもっていない。

ヒューマン・リレーションズでは、「手だけを雇うことはできない。手とともに人間がついてくる」という。同じように、われわれはひとりでは、強みだけをもつわけにはいかない。強みとともに、弱みがついている。われわれは、そのような弱みを仕事や成果とは関係のない個人的な欠点にしてしまえるよう組織をつくらなければならない。強みだけを意味あるものとするよう組織を構築しなければならない。

個人営業の税理士は、いかに有能であっても、対人関係の能力を欠くと重大な障害になる。だがそのような人も、組織の中にいるならば机を与えられ、外と接触しないですむ。組織のおかげで、強みだけを生かし、弱みを意味のないものにできる。

これらのことは当たり前といわれるかもしれない。それでは、なぜこれらのことは常に行われないのか。人の強み、特に他部門の同僚の強みを生かすことのできる者は、なぜ稀なのか。リンカーンでさえ、強みをもとに人を選ぶまでに、なぜ三回も弱みをもとに人事を行ったのか。

主たる理由は、目の前の人事が、人間の配置ではなく仕事のための配置になっているからである。したがって、ものの順序として、仕事からスタートしてしまい、次の段階として、その仕事に配置すべき人間を探すということになるからである。そうなると、もっとも不適格な人間、すなわちもっとも変哲のない人間を探すという誤った道をとりやすい。結果は、凡庸な組織である。

そのような事態への対策として、もっとも喧伝されている治療法が、手元の人間に合うように職務を構築しなおすことである。しかし、きわめて単純な小さな組織を別として、そのような治療は、病気よりも害が大きい。仕事は客観的に設計しなければならない。人の個性ではなく、なすべき仕事によって決定しなければならない。

仕事の範囲や構造や位置づけを修正すれば、必ず組織全体に連鎖反応が及ぶ。組織において、仕事はたがいに依存関係にあり、連動している。ひとりを一つの仕事につけるために、あらゆる人の仕事や責任を変えることはできない。

上司は部下の仕事に責任をもつ。部下のキャリアを左右する。したがって、強みを生かす人事は、成果をあげるための必要条件であるだけでなく、倫理的な至上命令、権力と地位に伴う責任である。弱みに焦点を合わせることは、間違っているだけでなく、無責任である。上司は、組織に対して、部下一人ひとりの強みを可能なかぎり生かす責任がある。何にもまして、部下に対して、彼らの強みを最大限に生かす責任がある。

組織は、一人ひとりの人間に対し、彼らが、その制約や弱みに関わりなく、その強みを通して、ものごとをなし遂げられるよう奉仕しなければならない。このことは今日、ますます重要になっている。まさに決定的に重要である。

一九〇〇年ごろ、実際的な目的をもちうる知識分野は、法律、医学、教育、宗教など、いくつかの伝統的な職業に限られていた。今日では、文字どおり、数百にのぼる知識分野が雇用の場として開かれている。あらゆる知識分野が、組織、特に企業と政府機関において必要とされている。したがって今日では、誰でも自らの能力にもっとも合った知識分野を選択し、かつ雇用の場を見つけることができるようにならなければならない。つい数十年前のように、自らを知識分野や雇用の場に合わせる必要はない。

今日の若者のほうが、将来の選択がむずかしくなっている。自らについても、機会についても、十分な情報をもたないからである。だからこそ今日、一人ひとりの人間にとって、自らの強みを生かす場をもてるようにすることに重要な意味がある。

しかも、今日の知識労働の時代においては、強みをもとに人事を行うことは、知識労働者本人、人事を行った者、ひいては組織そのものにとってだけでなく、社会にとっても欠くべからざることになっている。

上司の強みを生かす

成果をあげるためには、上司の強みも生かさなければならない。企業、政府機関、その他あらゆる組織において、「上司にどう対処するか」で悩まない者はいない。答えは簡単である。成果をあげる者ならば、みな知っていることである。上司の強みを生かすことである。

これは、世渡りの常識である。現実は企業ドラマとは違う。部下が無能な上司を倒し、乗り越えて地位を得るなどということは起こらない。上司が昇進できなければ、部下はその上司の後ろで立ち往生するだけである。たとえ上司が無能や失敗のために更迭されても、有能な次席があとを継ぐことは少ない。外から来る者があとを継ぐ。そのうえその新しい上司は、息のかかった有能な若者たちを連れてくる。したがって優秀な上司、昇進の速い上司をもつことほど、部下にとって助けとなるものはない。

しかも、上司の強みを生かすことは、部下自身が成果をあげる鍵である。上司に認められ、活用されることによって、初めて自らの貢献に焦点を合わせることが可能となる。自らが信じることの実現が可能になる。

もちろんへつらいによって、上司の強みを生かすことはできない。なすべきことから考え、それを上司にわかる形で提案しなければならない。上司も人である。人であれば、強みとともに弱みをもつ。しかし上司の強みを強調し、上司が得意なことを行えるようにすることによってのみ、部下たる者も成果をあげられるようになる。上司の弱みを強調したのでは、部下の弱みを強調したときと同じように、意欲と成長を妨げる。

したがって、「上司は何がよくできるか」「何をよくやったか」「強みを生かすためには、何を知らなければならないか」「成果をあげるためには、私から何を得なければならないか」を考える必要がある。上司が得意でないことをあまり心配してはならない。

上司もまた人であって、それぞれの成果のあげ方があることを知らなければならない。上司に特有の仕事の仕方を知る必要がある。単なる癖や習慣かもしれない。しかし、それらは実在する現実である。人には、読む人と聞く人がいる。例外的に、フランクリン・ルーズベルト、リンドン・ジョンソン、ウィンストン・チャーチルのように、話をしながら相手の反応を捉えて情報を得るという人がいる。読むことと聞くことの両方を必要とするタイプもいる。これは、法廷弁護士に理想的なタイプである。

読む人に対しては、口で話しても時間の無駄である。彼らは、読んだあとでなければ、聞くことができない。逆に、聞く人に分厚い報告書を渡しても紙の無駄である。耳で聞かなければ、何のことか理解できない。

アイゼンハワーのように、一ページの要約が必要な人がいる。一定の思考過程を必要とし、分厚い報告書がなければ理解できない人がいる。あるいは、あらゆることについて、六〇ページにわたる数字のデータを見たがる人がいる。意思決定の準備のために、初めから関与したがる人がいる。逆に、時期が来るまでは何も聞きたくないという人がいる。

上司の強みを考え、その強みを生かすには、問題の提示にしても、何をではなく、いかに、について留意しなければならない。何が重要であり何が正しいかだけでなく、いかなる順序で提示するかが大切である。政治性が意味をもつ仕事において、上司の強みが政治的な手腕にあるならば、まさにその政治的な側面から最初に説明する必要がある。上司は、何についての問題であるかを容易に理解し、その強みを存分に発揮する。

誰もが人のことについては専門家になれる。本人よりもよく分かる。したがって、上司に成果をあげさせることは、かなり簡単である。強みに焦点を合わせればよい。弱みが関係のないものになるように、強みに焦点を合わせればよい。上司の強みを中心に置くことほど、部下自身が成果をあげやすくなることはない。

6章 イノベーションの原理と方法

奇跡は再現できない

医者を長くやっていると、奇跡的な回復に立ち会うことがある。不治の患者が突然治る。自然に治ることも、信仰によって治ることもある。奇妙な食餌療法や、昼間眠って夜起きることで治ることもある。このような奇跡をいっさい認めず、単に科学的でないとして片づけることは愚かである。それらは現実に起こっていることである。

だからといって、それらの奇跡的な回復を医学書に載せ、医学生に講義する者はいない。それらのことは、再び行うことも、教えることも、学ぶこともできないからである。しかも、それらの療法によって回復する者は少なく、多くは死ぬ。

これと同じように、私がイノベーションのための七つの機会と呼んでいるものと関係なく行われるイノベーションがある。目的意識、体系、分析とは関係なく行われる。勘によるイノベーション、天才のひらめきによるイノベーションである。だが、そのようなイノベーションは、再度行うことができない。教えることも、学ぶこともできない。天才になる方法は教えられない。

そのうえ、発明やイノベーションの逸話集がほのめかすほど、天才のひらめきは存在しない。私自身、ひらめきが実を結んだのを見たことがない。アイデアはアイデアのまま終わる。

イノベーションの方法として提示し、論ずるに値するのは、目的意識、体系、分析によるイノベーションだけである。イノベーションとして成功したもののうち少なくとも九〇%は、そのようなイノベーションである。目的意識をもち、体系を基礎として、かつそれを完全に身につけて、初めてイノベーションは成功する。

それでは、イノベーションの原理とは何か。イノベーションに必要な「なすべきこと」「なすべきでないこと」は何か。そして、私がイノベーションの条件と呼ぶものは何か。

なすべきこと

第一に、イノベーションを行うためには、機会を分析することから始めなければならない。私がイノベーションのための七つの機会と呼ぶものを徹底的に分析することから始めなければならない。もちろんイノベーションの分野が異なれば、機会の種類も異なる。時代が変われば、機会の重要度も変わっていく。

①予期せぬこと
②ギャップ
③ニーズ
④構造の変化
⑤人口の変化

⑥認識の変化
⑦新知識の獲得

これら七つの機会のすべてについて、体系的に分析することが必要である。単に油断なく気を配るだけでは十分ではない。分析は常に体系的に行わなければならない。機会を体系的に探さなければならない。

第二に、イノベーションとは、理論的な分析であるとともに、知覚的な認識である。したがって、イノベーションを行うにあたっては、外に出、見、問い、聞かなければならない。このことは、いかに強調してもしすぎることがない。イノベーションに成功する者は右脳と左脳の両方を使う。数字を見るとともに、人を見る。いかなるイノベーションが必要かを分析をもって知った後、外に出て、知覚をもって客や利用者を知る。知覚をもって、彼らの期待、価値、ニーズを知る。

イノベーションに対する社会の受容度も、知覚によって知る。客にとっての価値も、そのようにして知る。自らのアプローチの仕方が、やがてそれを使うことになる人たちの期待や習慣にマッチしているかいないかも、知覚によって感じとる。こうして初めて、「やがてこれを使うことになる人たちが、そこに利益を見出すようになるには、何を考えなければならないか」との問いを発することができる。さもなければ、せっかくの正しいイノベーションも間違った形で世に出ることになる。

第三に、イノベーションに成功するには、焦点を絞り単純なものにしなければならない。一つのことに集中しなければならない。さもなければ、焦点がぼける。単純でなければうまくいかない。新しいものは必ず問題を生じる。複雑だと、直すことも調整することもできない。成功したイノベーションは驚くほど単純である。まったくのところ、イノベーションに対する最高の賛辞は、「なぜ、自分には思いつかなかったか」である。新しい市場や新しい使用法を生み出すイノベーションでさえ、具体的に使途を定めなければならない。具体的なニーズと成果に的を絞らなければならない。

第四に、イノベーションに成功するためには、小さくスタートしなければならない。大がかりであってはならない。具体的なことだけに絞らなければならない。

レールの上を走りながら電力の供給を受けるというイノベーションが電車を生み出した。マッチ箱に常に（五〇本という）同数のマッチ棒を詰めるというイノベーションがマッチ入れのオートメ化をもたらし、それを行ったスウェーデンのマッチメーカーに対し、半世紀近くに及ぶ市場の独占をもたらした。

あまりに大がかりな構想、産業に革命を起こそうとする計画はうまくいかない。多少の資金と人材をもって、限定された市場を対象とする小さな事業としてスタートしなければならない。さもなければ、調整や変更のための時間的な余裕がなくなる。イノベーションが、最初の段階からほぼ正しいという程度以上のものであることは稀である。変更がきくのは、規模が小さく、人材や資金が少ないときだけである。

第五に、とはいえ、最後の「なすべきこと」として、イノベーションに成功するには、最初からトップの座をねらわなければならない。必ずしも大事業にすることをねらう必要はない。そもそも、イノベーションが大事業となるか、まあまあの程度で終わるかは知りえない。だが、最初からトップの座をねらわないかぎり、イノベーションとはなりえず、自立した事業とさえなれない。

具体的な戦略としては、産業や市場において支配的な地位をねらうものから、プロセスや市場において小さなニッチをねらうものまで、いろいろありうる。しかし起業家としての戦略は、何らかの意味において、トップの座をねらうものでなければならない。さもなければ、競争相手に機会を与えるだけに終わる。

なすべきでないこと

そしていよいよ、いくつかの「なすべきでないこと」がある。

第一に、凝りすぎてはならない。イノベーションの成果は、普通の人間が利用できるものでなければならない。多少とも大きな事業にしたいのであれば、さほど頭のよくない人たちが使ってくれなければ話にならない。つまるところ、大勢いるのは普通の人たちである。組み立て方や使い方のいずれについても、凝りすぎたイノベーションは、ほとんど確実に失敗する。

第二に、多角化してはならない。散漫になってはならない。一度に多くのことを行おうとしてはならない。これは、「なすべきこと」の一つとしての的を絞ることと同義である。

核とすべきものから外れたイノベーションは雲散する。アイデアにとどまり、イノベーションに至らない。ここでいう核とは、技術や知識に限らない。市場であることもある。事実、市場についての知識のほうが、技術についての知識よりもイノベーションの核となる。イノベーションには核が必要である。さもなければ、あらゆる活動が分散する。イノベーションにはエネルギーの集中が不可欠である。イノベーションにはそれを行おうとする人たちが、たがいに理解し合っていることが必要である。そのためにも、統一、すなわち共通の核となるものが必要である。多様化や分散は、この統一を妨げる。

第三に、未来のためにイノベーションを行おうとしてはならない。現在のために行わなければならない。たしかに、イノベーションは長期にわたって影響を与えるかもしれないし、二〇年たたなければ完成しないかもしれない。だが、「二五年後には、大勢の高齢者がこれを必要とするようになる」と言うだけでは十分ではない。「これを必要とする高齢者はすでに大勢いる。もちろん時間が味方だ。二五年後には、もっと大勢の高齢者がいる」と言えなければならない。

現時点でただちに利用できなければ、レオナルド・ダ・ヴィンチのノートに描かれたスケッチと同じように、アイデアにとどまる。われわれのほとんどが、ダ・ヴィンチほどの才能をもたない。われわれのノートが、それだけで不滅の価値をもち続けることはない。

イノベーションには、長いリードタイムが伴うときがある。医薬品の開発研究では一〇年を要することも珍しくない。しかし、今日医療上のニーズが存在していない医薬品の開発研究に着手する製薬会社はない。

成功するイノベーションの条件

イノベーションの成功には三つの条件がある。いずれも当たり前のことでありながら、しばしば無視される。

第一に、イノベーションは集中でなければならない。イノベーションを行うには知識が必要である。創造性を必要とすることも多い。事実、イノベーションを行う人たちの中には、卓越した能力をもつ人たちがいる。だが彼らが、同時に異なる分野でイノベーションを行うことはほとんどない。あの恐るべき才能をもっていたエジソンさえ、電気の分野でしか働かなかった。金融のイノベーションに優れたニューヨークのシティバンクが、小売業や医療についてイノベーションを行おうとすることはありえない。

イノベーションには、他の仕事と同じように才能や素地が必要である。だがイノベーションとは、あくまでも意識的かつ集中的な仕事である。勤勉さと持続性、それに献身を必要とする。これらがなければ、いかなる知識も創造性も才能も無駄となる。

第二に、イノベーションは強みを基盤としなければならない。イノベーションに成功する者はあらゆる機会を検討する。そして「自分や自分の会社にもっとも適した機会はどれか。自分（あるいは自分たち）がもっとも得意とし、実績によって証明ずみの能力を生かせる機会は何か」を考える。ここにおいても、イノベーションは他の仕事と変わるところがない。それどころか、イノベーションほど自らの強みを基盤とすることが重要なものはない。なぜならば、イノベーションにおいては、知識と能力の果たす役割がきわめて大きく、しかもリスクを伴うからである。

イノベーションには相性も必要である。何ごとも、その価値を心底信じていなければ成功しない。製薬会社が口紅や香水で成功することはあまりない。イノベーションの機会そのものが、イノベーションを行おうとする者の価値観と合っていなければならない。彼らにとって意味のある重要なものでなければならない。さもなければ、忍耐強さを必要とし、かつ欲求不満を伴う厳しい仕事はできない。

第三に、イノベーションはつまるところ、経済や社会の変革を目指さなければならない。それは、消費者、教師、農家、眼科医などの行動に変化をもたらさなければならない。プロセス、すなわち働き方や生産の仕方に変化をもたらさなければならない。イノベーションは、市場にあって、市場に集中し、市場を震源としなければならない。

イノベーターはリスクを冒さない

一、二年前、起業家精神をテーマにしたある大学のセミナーで、心理学者たちの発言を聞いたことがある。さまざまな意見がかわされたが、起業家的な資質がリスク志向であるということでは意見が一致した。ところがまとめの段階で、あるプロセス上のギャップを機会としてイノベーションに成功し、二五年で世界的な事業に育てたある有名な起業家がコメントを求められた。

「私はみなさんの発言にとまどっています。私自身、大勢の起業家やイノベーターを知っているつもりですが、今まで、いわゆる起業家的な人には会ったことがありません。私が知っている成功した人たちの共通点はただ一つ、それはリスクをおかさないということです。彼らはみな、おかしてはならないリスクを明らかにし、それを最小限にしようとしています。そうでなければ、成功はおぼつきません。私自身、リスク志向であったならば、不動産や商品取引、あるいは母が希望したように画家になっていたと思います」

これは私の経験とも一致する。私も成功した起業家やイノベーターを大勢知っているが、彼らの中にリスク志向の人はいない。通俗心理学とハリウッド映画によるイメージは、まるでスーパーマンと円卓の騎士の合成である。実際にイノベーションを行う人たちは、小説の主人公ではない。リスクを求めて飛び出すよりも、時間をかけてキャッシュフローを調べている。

イノベーションにはリスクが伴う。しかし、スーパーへパンを買いに行くことにも何がしかのリスクはある。。あらゆる活動にリスクが伴う。しかも昨日を守ること、すなわちイノベーションを行わないことのほうが、明日をつくることよりも大きなリスクを伴う。

イノベーションは、どこまでそのリスクを明らかにし、小さくできるかによって、成功の度合いが決まる。どこまでイノベーションの機会を体系的に分析し、どこまで的を絞り、利用したかによって決まる。まさに成功するイノベーションは、予期せぬ成功や失敗、ニーズの存在に基づくものなど、リスクの限られたイノベーションである。あるいは、新知識の獲得によるイノベーションのように、たとえリスクが大きくとも、その大きさを明らかにすることのできるイノベーションである。

イノベーションに成功する者は保守的である。保守的たらざるをえない。彼らはリスク志向ではない。機会志向である。

Part 5

自己実現への挑戦

1章　人生をマネジメントする

第二の人生をどうするか

歴史上初めて、人の寿命のほうが組織の寿命よりも長くなった。そのため、まったく新しい問題が生まれた。第二の人生をどうするかである。

もはや、三〇歳で就職した組織が、六〇歳になっても存続しているとは言い切れない。そのうえ、ほとんどの者にとって、同じ種類の仕事を四、五〇年も続けるのは長すぎる。飽きる。惰性になる。耐えられなくなる。まわりの者も迷惑する。

ごくわずかの偉大な芸術家は例外である。印象派の巨匠クロード・モネ（一八四〇～一九二六年）は、八〇代で名作を遺した。目を悪くして、なお一日一二時間描いた。パブロ・ピカソ（一八八一～一九七三年）は、九〇代で亡くなるまで描いた。七〇代で新しい画風を開いた。今世紀最高のチェロ奏者パブロ・カザルス（一八七六～一九七三年）は、演奏会のための新曲に取り組んでいるときに亡くなった。九七歳だった。だが、彼らは例外中の例外である。

同じ超一流の物理学者でも、四〇代に偉業をなしたマックス・プランク（一八五八～一九四七年）とアルバート・アインシュタイン（一八七九～一九五五年）は対照的だった。プランクは一九一八年、六〇歳のときに、第一次大戦後のドイツ科学界を再建した。一九三三年に、ナチによって強制的に引退させられたが、一九四五年、九〇歳近くになって、ドイツ科学界の再建に取り組んだ。アインシュタインのほうは、四〇代には引退同然で、単なる有名人となった。

今日、中年の危機がよく話題になる。四五歳ともなれば、全盛期に達したことを知る。同じ種類のことを二〇年も続けていれば、仕事はお手のものである。学ぶべきことはさしてない。仕事に心躍ることはない。

製鉄所の高炉や機関車の機関室で働く肉体労働者は、四〇年も働けば、平均寿命どころか定年もまだ先だというのに、肉体的精神的に疲れ果てる。もう十分である。平均寿命が七五歳前後になったために、余生は長いが、何もしないで満足である。ゴルフ、釣り、諸々の小さな趣味で十分である。

しかし、知識労働者には、いつになっても終わりがない。文句は言っても、いつまでも働きたい。とはいえ、三〇のときには心躍った仕事も、五〇ともなれば退屈する。したがって、第二の人生を設計することが必要になる。

第二の人生を設計する方法

この問題の解決には、三つの方法が助けとなる。

第一の方法は、マックス・プランクのように、文字どおり第二の人生をもつことである。単に組織を変わることであってもよい。

その典型が、子供も大きくなり、年金の受給権も確定した四五歳から四八歳に会社を辞めて、病院や大学など非営利の組織に移る人たちである。仕事の内容はあまり変わらない。大企業の事業部の経理部長が病院の経理部長になる。まったく仕事を変える人もいる。企業や地方自治体で二〇年ほど働き、四五歳前後で中堅幹部となっていながら、子供が大きくなったのを機に、ロースクールに入る女性がいる。数年後、地元で小さな法律事務所を開く。

仕事がうまくいっているにもかかわらず、第二の人生を始める人が増えている。地元の病院の経理部長になった事業部の経理部長のように、能力は十分にある。仕事の仕方も心得ている。子供は独立した。地元のコミュニティで仕事をしたい。何がしかの収入は欲しい。何よりも新しいことに挑戦したい。

第二の方法は、パラレル・キャリア（第二の仕事）、すなわち、本業にありながらもう一つ別の世界をもつことである。二〇年、二五年続け、うまくいっている仕事はそのまま続ける。週に四〇時間、五〇時間を割く。あるいは、あえてパートタイムとなったり、コンサルタント的な契約社員になる。しかし、もう一つの世界をパラレル・キャリアとしてもつ。多くの場合、ＮＰＯで働く。週一〇時間といったところである。

第三の方法は、ソーシャル・アントレプレナー（篤志家）になることである。これは、企業人、医師、コンサルタント、大学教授として成功した人たちに多い。仕事は好きだが、もはや心躍るほどのものではない。そこで、仕事は続けるが、それに割く時間は減らしていく。そして新しい仕事、特に非営利の仕事を始める。

もちろん、誰もが第二の人生をもてるわけではない。まだ、今日していることをそのまま続けている人たち、あるいは似たことを繰り返しつつ、退屈しきって定年の日を待つ人のほうが多い。しかし、労働可能年限すなわち労働寿命の伸長を、自らと、社会にとっての機会として捉えることによって、これからの時代においてモデルとなるべきは、数の少ないほうの人たちである。彼らこそ、成功物語として位置づけるべきである。

しかし、第二の人生をもつには一つだけ条件がある。本格的に踏み切るかなり前から助走しなければならない。

労働寿命の伸長が明らかになった三〇年前、私を含め多くの者が、ますます多くの定年退職者がボランティアとして非営利組織で働くようになると予測した。そうはならなかった。四〇歳、あるいはそれ以前にボランティアの経験をしたことのない人たちが、六〇歳になってボランティアをすることはむずかしかった。

同じように、後に篤志家となった人たちも、本業で成功するかなり前から、そのような事業に取り組んでいる。

ある弁護士は、三五歳ごろにはいくつかの学校に手をかしていた。四〇歳で教育委員になっていた。そのため五〇歳になって生活に余裕ができると、モデル校の設立に取り組むことができた。

この人は、今でも大企業の主任法律顧問として、ほとんどフルタイムで働いている。実はその大企業も、彼が若いころ、弁護士として設立に手を貸したベンチャーが育ったものだった。

知識労働者にとって、第二の人生をもつことが重要であることには、もう一つ理由がある。誰でも、仕事や人生において挫折することがありうるからである。昇進しそこねた四二歳の有能なエンジニアがいる。大きな大学へ移ることが絶望的になった四二歳の立派な大学教授がいる。離婚や、子供に死なれるなどの不幸もある。

逆境のとき、単なる趣味を越えた第二の人生、第二の仕事が大きな意味をもつ。四二歳のエンジニアが、現在の仕事では思うようにいかないことを悟る。だがもう一つの仕事、教会の会計責任者としては頼りにされている。これからも大いに貢献できる。あるいは、家庭は壊れたかもしれないが、もう一つのコミュニティがある。これらのものは、成功が意味をもつ社会では特に重要である。このような社会は初めてである。これまで人間は、いるべきところにいられれば最高だった。ありうる動きは、すべて下方に向かうものだった。そもそも成功なる概念が存在しなかった。

知識社会では、成功が当然のこととされる。だが、全員が成功することはありえない。失敗しないことがせいぜいである。成功する人がいれば、失敗する人がいる。そこで、一人ひとりの人間及びその家族にとっては、何かに貢献し、意味あることを行い、ひとかどになることが、決定的に重要な意味をもつ。第二の人生、パラレル・キャリア、篤志家としての仕事をもつことは、社会においてリーダー的な役割を果たし、敬意を払われ、成功の機会をもつということである。

革命的な変化

自ら成果をあげ、貢献し、自己実現するということは、その他諸々の課題に比べて、はるかに簡単に見えるはずである。答えも、素朴といっていいほど簡単である。たしかに変革の先頭にたち、あるいはIT革命の主役となるには、複雑かつ高度の能力、仕組み、方法論を必要とする。しかしそれらのものといえども、本質は進化にすぎない。

しかるに、成果をあげるということは一つの革命である。一人ひとりの人間、特に知識労働者に対し、前例のないまったく新しい種類のことを要求する。あたかも組織のトップであるかのように考え、行動することを要求する。思考と行動において、これまでのものとは一八〇度違うものが必要となる。

そもそも知識労働者なるものが大量に登場し始めたのは、わずか一世紀前にすぎない。知識労働者なる言葉も、三〇年前の拙著『断絶の時代』(一九六九年)において、初めて使った造語である。

今日、仕事の仕組みや主人の意向によって決められたことを行うだけだった肉体労働者に代わり、自らをマネジメントする者としての知識労働者へと労働力の重心が移行したことが、社会の構造そのものを大きく変えつつある。

これまでの社会は、いかに個を尊重したにせよ、あくまでも次の二つのことを当然とする社会だった。すなわち、第一に、組織はそこに働く人よりも長命であって、第二に、そこに働く人は組織に固定された存在だった。これに対し、自らをマネジメントするということは、逆の現実に立つ。働く人が組織よりも長命であって、そこに働く人は自由に移動する存在である。

すでにアメリカでは、働く人が組織から組織へと動くことは一般化した慣行である。だがそのアメリカにおいてさえ、働く人が組織よりも長命であって、したがって第二の新しい人生の用意が必要であるなどということは、誰にも心構えのできていなかった革命的な変化である。退職制度を含め、既存のいかなる制度も想定していなかった事態である。アメリカ以外では、今日に至るも、働く人は組織を動かないことを前提としている。それを安定と称している。

ドイツでは、ごく最近まで職業を選ぶ自由は一〇歳で終わっていた。延ばしてもせいぜい一六歳だった。一〇歳でギムナジウムに入らないかぎり、大学へ行く可能性は失われた。そして、一五歳か一六歳で入っていく機械工、事務員、料理人などの徒弟制度が、一生の仕事を決定した。徒弟として身につけた職業から他の職業に変わることは、法律で禁止されてはいないものの、事実上ありえなかった。

日本がモデルとなるか

この問題に関しては、今日もっとも困難な試練に直面している先進国が、この五〇年間、社会としてもっともよく機能してきた日本である。日本は、働く人が動かないようにすることによって、歴史上類のない社会の成功をおさめてきた。それが終身雇用制だった。終身雇用制のもとでは、個々の人をマネジメントするのは、明らかに組織のほうだった。個々の人は動かないことを前提としていた。働く人は、あくまでもマネジメントされる存在だった。

私は、日本が、終身雇用制によって実現してきた社会的な安定、コミュニティ、調和を維持しつつ、かつ、知識労働と知識労働者に必要な移動の自由を実現することを願っている。これは、日本の社会とその調和のためだけではない。おそらくは、日本の解決が他の国のモデルとなるであろうからである。なぜならば、いかなる国といえども、社会が真に機能するためには、コミュニティの絆が不可欠だからである。もちろんその暁には、日本も、今日の姿とはまったく違うものになっているであろう。

あらゆる先進国が、今日の姿とは違うものになる。自らをマネジメントすることができ、マネジメントしなければならないという知識労働者の登場は、あらゆる国の社会を変えざるをえない。

2章　〝教育ある人間〟が社会をつくる

社会の能力を規定するもの

知識は、通貨のような非人格的な存在ではない。知識は、本や、データバンクや、ソフトウェアの中にはない。そこにあるのは、情報にすぎない。

知識は、むかしから人間の中にある。人間が、教え、学ぶものである。人間が、正しく、あるいは間違って使うものである。それゆえに、知識社会への移行とは、人間が中心的な存在になることにほかならない。そして知識社会への移行は、知識社会の代表者たる教育ある人間に対し、新しい挑戦、新しい問題、さらには、かつてない新しい課題を提起する。

これまでのあらゆる社会において、教育ある人間は飾り物にすぎなかった。それは、敬意と冷笑の二つのニュアンスが込められたドイツ語のクルツール（文化人）だった。

知識社会では、この教育ある人間が社会の表徴となり、基準となる。教育ある人間が、社会学で言うところの社会的モデルとなる。彼ら教育ある人間が社会の能力を規定する。同時に、社会の価値、信念、意志を体現する。封建時代の騎士が中世初期における社会の代表であり、ブルジョワが資本主義時代における社会の代表であったとするならば、教育ある人間は、知識が中心的な資源となるポスト資本主義時代における社会の代表である。
その結果、教育ある人間の意味そのものが変わらざるをえない。教育があるということの意味が変わる。教育ある人間なるものの定義が、決定的に重要になる。知識が中心的な資源になるに従い、この教育ある人間が、新しい要求、新しい課題、新しい責任に直面する。教育ある人間は、要の存在である。

すでに学界では、教育ある人間をめぐって、活発な、ときには激烈な論争が展開されている。そのような人間は存在するか。あるいは存在しうるか。何をもって教育あるとすべきか。

マルクス主義の後継者や過激なフェミニストなどの運動家の一部は、そもそも教育ある人間など存在するはずがないと論ずる。その中には、教育ある人間は、性、人種、民族などのグループごとに存在するだけであって、それぞれ固有の文化と固有の教育を受けた人間であると論ずる人たちもいる。これら反伝統主義の主張は、その人道への関心ゆえに、ヒトラーのアーリア人優越、スターリンのマルクス主義遺伝学、毛沢東の共産主義心理学の響きほどのものは感じさせないが、かつての全体主義者たちを十分に彷彿させる。反伝統主義が攻撃対象とするものは、全体主義者たちと同じである。それは、西洋の教育ある人間や、中国や日本の文人の中核概念たる普遍性である。

彼らの反対の極には、人文主義者と呼ぶべき一団がいる。彼らもまた、現在の体制を軽侮する。しかしそれは、現在の体制に、まさに普遍性のある教育ある人間がいないからである。そこで彼らは、一九世紀への回帰、すなわち教養課程、古典、教養人への回帰を要求する。もちろん彼らといえども、シカゴ大学のロバート・ハッチンズとモーティマー・アドラーが五〇年前に行った主張、すなわち、知識とはつまるところ数冊の名著であるとの主張を繰り返しているわけではない。だが彼らが、近代前への回帰を主張したハッチンズやアドラーの直系であることに変わりはない。

反伝統主義と人文主義のいずれもが、残念ながら間違っている。

知識社会における中心的存在

知識社会は、教育ある人間をその中心に据えざるをえない。教育ある人間は、知識社会がまさしく専門知識の社会であるがゆえに、そしてまた、その通貨、経済、職業、技術、諸々の課題、特に情報がグローバルであるがゆえに、普遍的な存在たらざるをえない。

ポスト資本主義社会においては、求心力が必要である。諸々の独立した伝統を、共有の価値への献身、卓越性の追求、相互の尊重へとまとめあげる者が必要である。したがって、知識社会としてのポスト資本主義社会は、脱構造派、過激派フェミニスト、反西洋主義者の一部が要求するものとは、まさに正反対のものを必要とする。彼らが完全に否定しているもの、すなわち普遍性をもつ教育ある人間を必要とする。

しかも知識社会は、人文主義者が求める理想像とも異なる教育ある人間を必要とする。人文主義者は、偉大な伝統、すなわち人類の遺産たる知恵や美や知識を否定することの愚かさを説くうえでは、たしかに正しい。だが過去の継承では十分ではない。彼らが説くものは、過去の継承である。教育ある人間は、未来を創造するためとは言わないまでも少なくとも現在に影響を与えるために、自らの知識を役立たせる能力をもたなければならない。彼らの主張は、そのような能力について何も触れない。関心も示さない。しかしそのような能力がなければ、偉大な伝統も、つまらぬ骨董趣味にすぎない。

ドイツ人ノーベル賞作家ヘルマン・ヘッセ（一八七七〜一九六二年）は、『ガラス玉演戯』（一九四三年）において、彼ら人文主義者の求める世界と、そのゆく末を予告した。この小説は、偉大な伝統の知恵と美に没入し、至福の孤高を楽しむ知識人、芸術家、人文主義者の一団を描いた。しかし、小説の主人公たるガラス玉遊戯の名人は、最後には、粗野で下品な汚れた世界、分裂した金まみれの乱れた世界へ帰ることを決意する。現実の世界に関わりがなければ、主人公の有する諸々の価値も、黄金に見まがう黄銅鉱にすぎなかった。

ヘッセが五〇年前に予告したことが今起こっている。教養課程や一般教養が危機に直面している。それらのものは、もっとも聡明な人たちが、粗野で下品な金まみれの現実のために捨て去るガラス玉遊戯と化してしまった。

たしかに今日でも、優秀な学生は教養課程を楽しんでいる。その点では第一次世界大戦前に大学を出た彼らの曽祖父と同じである。しかし曽祖父の世代にとっては、教養課程や一般教養は生涯を通じて意味あるものだった。それらはまさに、彼らのアイデンティティだった。第二次大戦前に大学を出た私の世代にとっても、ラテン語やギリシャ語はすぐに忘れてしまったが、依然として意味があった。

今日の若者は、大学を卒業して数年後には、「勉強してきたことに意味がない。現在していることや、関心あることとや、なりたいと思っているものと関係がない」と言う。もちろん、それでも彼らは、自分の子供は、教養課程の大学、プリンストンやカールトン、オックスフォードやケンブリッジ、東大やリセやギムナジウムに行かせようとする。しかしそれは、もっぱら地位や就職のためである。自らの生活においては、教養課程も一般教養も完全に拒否している。彼らは人文主義者の教育ある人間を拒絶する。教養課程は、現実を動かすことはもとより、現実を理解することにも役立たない。

もちろんそのような考えは的はずれである。ポスト資本主義社会は、これまでのいかなる社会にも増して、教育ある人間を必要とする。偉大な遺産を理解することを不可欠とする。しかもその遺産は、西洋文明やユダヤ・キリスト教の伝統に限らない。われわれの必要とする教育ある人間は、他の偉大な文化や伝統を理解する。中国、日本、朝鮮の絵画や陶磁器、東洋の哲学や宗教、そして宗教及び文化としてのイスラムを理解する。同時に、人文主義者の教養課程に特有の書物偏重主義を超越する。教育ある人間は、分析的な能力だけでなく、経験的な知覚をもつ。

とはいえ、教育ある人間が、未来はともあれ現在を理解するためには、西洋の伝統を中核に据えざるをえない。未来は脱西洋かもしれない。反西洋かもしれない。だが非西洋ではない。未来の物質文明と知識は西洋を基盤とせざるをえない。すなわち、科学、道具、技術、生産、経済、通貨、金融、銀行である。それらはいずれも、西洋の思想や伝統を理解し、受け入れなければ機能しない。

今日、もっとも強い反西洋の運動は、イスラムの原理主義ではない。センデロ・ルミノソの反乱である。ペルーをスペインの征服から解放し、憎むべきヨーロッパ人とその文明を海へ追い落とし、ケチュア語とアイマラ語という古代インディオの言語に立ち返ろうとするインカ帝国末裔の絶望的な試みである。

そのセンデロ・ルミノソが、ニューヨークやロサンゼルスの麻薬常習者のためのコカの栽培を資金源とする。お気に入りの武器は、インカの投石器ではなく自動車爆弾である。

明日の教育ある人間は、グローバルな世界に生きる。そのグローバルな世界が、西洋化された世界である。教育ある人間は同時に、部族化しつつある世界に生きる。彼らは、ビジョン、視野、情報において世界市民である。しかし同時に、自らの地域社会から栄養を吸い取るとともに、逆に、その地域文化に栄養を与える存在である。

知識社会と組織社会

資本主義後の社会、すなわちポスト資本主義社会は、「知識社会」であるとともに同時に、「組織社会」である。この二つの社会は、相互依存の関係にありながら、概念、世界観、価値観を異にする。教育ある人間の大部分が、すでに述べたように、「組織」の一員として自らの「知識」を適用する。したがって教育ある人間は、二つの文化、すなわち一方は、言葉や思想に焦点を合わせた知識人の文化と、一方は、人間と仕事に焦点を合わせた組織人の文化の中で生き、働く。

知識人は組織を手段として見る。組織のおかげで、彼ら知識人は、彼らのテクネ、すなわちその専門化された知識を適用することが可能となる。他方、経営管理者は知識を、組織の目的を実現するための手段として見る。いずれも正しいが、両者は対照的である。対立的ではない。対極にある。たがいがたがいを必要とする。研究者は研究管理者を必要とし、研究管理者は研究者を必要とする。両者の均衡が崩れると、仕事は行われず、欲求不満が残る。

知識人の世界は、組織人による均衡がなければ「好きなことをする」だけとなり、意味あることは何もしない世界になる。組織人の世界も、知識人による均衡がなければ、形式主義に陥り、組織人間が支配する無気力な灰色の世界に堕する。両者が均衡して初めて、創造と秩序、自己実現と課題達成が可能となる。

ポスト資本主義社会においては、多くの人がこの二つの文化の中で生活し、仕事をする。ますます多くの人が両方の文化で働く経験をもつ。そうならなければならない。たとえば、若手のコンピュータ技術者にプロジェクト・マネジャーやチーム・リーダーを務めさせ、若手の教授に二年間、大学の管理部門で毎日数時間働かせるなど、若いうちに経営管理的な仕事に就かせ、経験をもたせることが必要となる。

ここにおいて、社会セクターの非営利組織における無給スタッフとしての経験が、知識人の世界と組織人の世界の双方について、偏りなく見、知り、敬意を払う能力を与える。ポスト資本主義社会では、すべての教育ある人間が二つの文化を理解できなければならない。

テクネ――教育ある人間の条件

一九世紀の教育ある人間にとって、テクネは知識ではなかった。たしかに大学で教えられ、体系にもなっていた。しかしテクネは、教養課程や一般教養の一部ではなかった。したがって、一般知識ではなかった。

テクネに対する学位はむかしからあった。ヨーロッパでは、法学と医学に対する学位は一三世紀に遡る。工学に対する学位も、一八〇〇年の一、二年前にナポレオン治世下のフランスにおいて初めて授与され、間もなく大陸ヨーロッパとアメリカで社会的に受け入れられた。

教育あるとされた者の多くは、それらのテクネを実践することによって生計を立てていた。弁護士、医者、技術者、地質学者、さらには実業人だった。実業に就かない紳士に対する敬意が存在したのはイギリスだけだった。だが仕事や職業は、生計の手段ではあっても、生活そのものではなかった。彼らテクネを実践する者たちは、職場を離れれば、仕事はもとより専門分野についても話をしなかった。それは、仕事の話にすぎなかった。ドイツ人は仕事の虫として鼻で笑った。

フランスではもっとばかにした。野暮か、礼儀知らずとされ、上流社会の招待者リストからはずされた。

しかし、テクネが専門知識となった今日、それは一般知識として位置づけられなければならない。テクネは、教育ある人間たるべき条件の一つとならなければならない。

今日、教育ある人間が、大学時代に楽しんだ教養課程を捨ててしまうのは当然である。彼らは失望する。裏切りさえ感じる。そう感じるには、それだけの理由がある。専門知識を一般知識へと統合できない教養課程や一般教養は、教養ではない。教養としての第一の責務、すなわち相互理解をもたらすこと、すなわち、文明が存在しうるための条件たる対話の世界をつくり出すことに失敗しているからである。そのような教養課程は、結合どころか、分裂の原因となるだけである。

われわれは、多様な知識に精通した博学は必要としていない。事実、そのような人間は存在しえない。逆に、われわれの知識はますます専門化していく。したがって、われわれが真に必要とするものは、多様な専門知識を理解する能力である。そのような能力をもつ者が、知識社会における教育ある人間である。

われわれは専門知識のそれぞれについて精通する必要はないが、それが「何についてのものか」「何をしようとするものか」「中心的な関心事は何か」「中心的な理論は何か」「どのような新しい洞察を与えてくれるか」「それについて知られていないことは何か」「問題や課題は何か」を知らなければならない。

専門知識を一般知識とする

これらについての理解がなければ、自らの専門知識が不毛となる。専門知識でさえなくなる。知的な傲慢とはなっても、生産的な存在ではなくなる。なぜならば、今日、重要な新しい洞察の多くが、まったく別の専門分野、別の専門知識から生まれているからである。

今後経済学や気象学は、カオス理論なる数学によって変わる。地質学は物性物理学によって変わる。考古学は遺伝学により、歴史学は心理学的、統計学的、あるいは技術的な分析と技法によって変わる。アメリカのジェイムズ・M・ブキャナン（一九一九年〜）は、経済理論を政治プロセスに適用し、政治学者が過去一〇〇年間その基礎としてきた仮説や理論をひっくり返すことによって、一九八六年のノーベル経済学賞を受賞した。

しかし、専門知識を一般知識とするには、専門知識の所有者たる専門家自らが、自らの知識領域を理解しやすいものにする責任を果たさなければならない。たしかにメディアは、雑誌であれ映画であれ、あるいはテレビであれ、重要な役割を果たす。だがメディアだけでは、この役割を果たすことはできない。いかなる種類の大衆化努力も、それだけではこの役割を果たせない。

専門知識は、真摯、厳格、厳密なままに理解されなければならない。ということは、学者をはじめ、専門知識それぞれについて先端的な場所にいる者は、自らの知識を理解させる責任を負うとともに、そのための大変な作業を進んで引き受けなければならないことを意味する。

知識社会に知識の女王は存在しない。あらゆる専門知識が同じように価値をもつ。中世の偉大な聖人で、哲学者ボナヴェントゥーラの言葉を借りるならば、すべての専門知識が真理にいたる。しかし、専門知識を真理すなわち一般知識への行路とすることは、専門知識を有する人たちの責任である。彼らは知識を預かっている。

カール・マルクスが『資本論』第一巻（一八六七年）において、資本主義を社会秩序の一つと認識したとき、すでに資本主義は、その一世紀前から支配的存在になっていた。しかも資本主義という言葉が生まれたのは、マルクスの没後三〇年のことだった。したがって今日、『知識論』を書こうとすることは、臆面がないだけでなく、滑稽なほどに時期尚早である。

せいぜいできることは、資本主義社会（及び社会主義社会）から転換しつつあるものとしての現在の社会と政治体制を描くことである。しかし今から一〇〇年後には、題名は『知識論』ではないとしても、その種の本が書かれるに違いない。ということは、われわれは、すでに始まっている現在の転換期を乗り越えられるだろうということである。

知識社会がどのような社会であるかを予言することは愚かである。それは、ちょうどアメリカが独立し、アダム・スミスが『国富論』を著わし、ジェームズ・ワットが蒸気機関を改良した一七七六年の時点において、その一〇〇年後にマルクスが描いた社会を予言することが愚かだったであろうことと同じように愚かである。あるいはまた、ビクトリア朝中期の資本主義の中にあって、マルクスが、今われわれが住んでいるポスト資本主義社会について、科学的無謬性をもって予言することと同じように愚かである。

しかし、ただ一つ予告できることがある。それは、これから起こる最大の変化は、知識における変化だということである。すなわち、知識の形態、内容、責任、そして教育ある人間たることの意味の変化である。

3章　何によって憶えられたいか

自らの成長に責任をもつ

自らの成長のためにもっとも優先すべきは、卓越性の追求である。そこから充実と自信が生まれる。能力は、仕事の質を変えるだけでなく、人間そのものを変えるがゆえに重要な意味をもつ。能力がなくては、優れた仕事はありえず、自信もありえず、人としての成長もありえない。

何年か前に、かかりつけの腕のいい歯医者に聞いたことがある。「あなたは、何によって憶えられたいか」。答えは「あなたを死体解剖する医者が、この人は一流の歯医者にかかっていたといってくれること」だった。

この人と、食べていくだけの仕事しかしていない歯科医との差の何と大きなことか。同じように組織に働く者にとっては、自らの成長は、組織の使命と関わりがある。それは、仕事に意義ありとする信念や献身と深い関わりがある。

自らの成長に責任をもつ者は、その人自身であって上司ではない。誰もが自らに対し、「組織と自らを成長させるためには何に集中すべきか」を問わなければならない。

たとえば、ペーパーワークと医師のさまざまな要求に追われている病棟の看護婦は、大勢の外科の患者を見ながら、次のように問わなければならない。「彼らが私の仕事だ。他のことは邪魔でしかない。この本来の仕事に集中するにはどうしたらよいか。仕事の仕方に問題があるかもしれない。もっとよい看護ができるよう、みなで仕事の仕方を変えられないか」

自らを成果をあげる存在にできるのは、自らだけである。他の人ではない。したがって、まず果たすべき責任は、自らの最高のものを引き出すことである。それが自分のためである。人は、自らがもつものでしか仕事ができない。

しかも人に信頼され、協力を得るには、自らが最高の成果をあげていくしかない。ばかな上司、ばかな役員、役に立たない部下についてこぼしても、最高の成果はあがらない。障害になっていること、変えるべきことを体系的に知るために、仕事のうえでたがいに依存関係にある人たちと話をするのも、自らの仕事であり、責任である。

成功の鍵は、責任である。自らに責任をもたせることである。あらゆることがそこから始まる。大事なことは、地位ではなく責任である。責任ある存在になるということは、真剣に仕事に取り組むということであり、成長の必要性を認識するということである。ときには、辛くても、長年かけて身につけた能力が、まったく意味を失ったことを認めなければならない。一〇年かけてコンピュータを自在に使いこなせるようになったにもかかわらず、今や学ぶべきは、いかにして人と働くかである。

責任ある存在になるということは、自らの総力を発揮する決心をすることである。「違いを生み出すために、何を学び、何をなすべきか」を問う。むかし一緒に働いたある賢い人が、私にこう言ったことがある。「よい仕事をすれば、昇給させることにしている。しかし昇進させるのは、自分の仕事のスケールを大きく変えた者だけだ」

成長するということは、能力を修得するだけでなく、人間として大きくなることである。責任に重点を置くことによって、より大きな自分を見られるようになる。うぬぼれやプライドではない。誇りと自信である。一度身につけてしまえば失うことのない何かである。目指すべきは、外なる成長であり、内なる成長である。

辞めるか、移るか

自らの成長のためには、自らに適した組織において、自らに適した仕事につかなければならない。そこで問題になるのは、「自らの得るべきところはどこか」ということである。この問いに答えを出すには、自らがベストを尽くせるのはいかなる環境かを知らなければならない。

学校を出たばかりでは、自らのことはほとんど何も分からない。大きな組織のほうが仕事ができるのか、小さな組織のほうができるのかは分からない。人と一緒に仕事をするほうがよいのか、ひとりのほうがよいのか、不安定な状況のほうがよいのか、逆なのか。時間の重圧があったほうがよいのか、ないほうがよいのか。迅速に決定するほうか、しばらく寝かせないとだめなほうか。

最初の仕事はくじ引きである。最初から自らに適した仕事につく確率は高くない。得るべきところを知り、向いた仕事に移れるようになるには数年が必要である。

われわれは気質や個性を軽んじがちである。だが気質や個性は、訓練によって容易に変えられるものではないだけに、重視し、明確に理解することが必要である。

決定したことを完全に理解しなければ行動できない人は、戦場のような仕事には向かない。右サイドが崩れたとき、将校は、退却すべきか否かを八秒以内に決定しなければならない。もちろん決定に時間を要する者であっても、そのようなときには無理にでも決定するだろう。だがそれでは、せっかくの決定も間違ったものとなる公算が大きい。

「得るべきところはどこか」を慎重に考えた結果が、今働いているところではないということであるならば、次に問うべきは、「それはなぜか」である。「組織の価値観になじめないからか」「組織が堕落しているからか」。もしそうであるならば、人は確実にだめになる。自らが価値ありとするところで働くのでなければ、人は、自らを疑い、自らを軽く見るようになる。あるいはまた、上司が人を操ったり、自分のことしか考えないことがある。さらに困ったことに、尊敬する上司が、実は上司としてもっとも大切な仕事、つまり部下を育て、励まし、引き上げる役目を果たさないことがある。

このように自らがところを得ていないとき、あるいは組織が腐っているとき、あるいは成果が認められないときには、辞めることが正しい選択である。出世はたいした問題ではない。重要なのは、公正であることであり、公平であることである。さもなければ、やがて自らを二流の存在と見るようになってしまう。

自らに刺激を与えるうえでも、ある種の変化が必要である。この必要は、ますます人が長生きするようになり、ますます長く活動できるようになるにつれて大きくなる。変化といっても、かけ離れたところに移る必要はない。

たとえば、アメリカ赤十字の社長リチャード・シュバードは、労働問題の弁護士をしたあと、企業の人事部門に入り、四〇代で政府機関に移り、再び企業に戻ってから赤十字に入った。まさに彼は、異なる組織文化の中で、いろいろな人と働いてきたために有能になった。

日常化した毎日が心地よくなったときこそ、違ったことを行うよう自らを駆り立てる必要がある。「燃え尽きた」とは、たいていの場合、飽きたというだけのことである。たいしたことでないもののために朝出かけるほど、疲れを覚えるものはない。ほとんどの仕事は繰り返しである。

喜びは、成果の中になければならない。石臼に向かいながらも丘の上を見なければならない。仕事に飽きるということは、成果をあげるべく働くのをやめるということである。目もまた、石臼を見ているに違いない。

仕事から学び続けるには、成果を期待にフィードバックさせなければならない。仕事の中で、さらには生活の中で、重要な活動が何かを知らなければならない。それらの活動において何を期待するかを書きとめておかなければならない。九か月後、あるいは一年後に、成果とその期待を比べる。そうすることによって、自分は何をうまくやれるか、いかなる能力や知識を必要としているか、いかなる悪癖をもっているかを知ることができる。

私のように、諦めが早いことに気づくかもしれない。私は、ひどい短気であることに気づいた。人によっては、ありがちな悪癖として、人のいうことを聞かないために成果が生まれないことに気づかされるかもしれない。

もちろん、自らの行動からしか学べないわけではない。組織の中、自分のまわり、知り合いにも目を向ける必要がある。「彼らは、何について本当にうまくやっているか」「それをどのようにやっているか」。言いかえるならば、成功に目を向けなければならない。「誰にもむずかしいと思われるあのことを、ジョーはいかにやっているか」。それを自らもやってみる。

自らの仕事をし、自らのキャリアを決めていくのは自分である。自らの得るべきところを知るのは自分である。組織への貢献において、自らに高い要求を課するのも自分である。飽きることを自らに許さないよう、予防策を講ずるのも自分である。仕事を心躍るものにするのも自分である。

成長するための原理

組織に働くわれわれのほとんどが、驚くほど小さな成果しかあげていない。私は半世紀以上、いろいろな組織の人と仕事をしてきた。ほとんどの人が、よく働き、いろいろなことを知っていた。しかし、十二分に成果をあげている人は少なかった。

成果をあげる人とあげない人の差は、才能ではない。成果をあげるかどうかは、いくつかの習慣的な姿勢と、いくつかの基礎的な方法を身につけているかどうかの問題である。しかし、そもそも組織というものが最近の発明であるために、人はまだ、それらのことに優れるに至っていない。成果をあげるための方法は、かつてのひとりだけの工房の時代と、今日のような組織の時代とでは異なる。ひとりの工房では、仕事が人をつくりあげる。組織では、人が仕事をつくりあげる。

成果をあげるための第一歩は、行うべきことを決めることである。いかに効率があがろうとも、行うべきことを行っているのでなければ意味がない。しかる後に、優先すべきこと、集中すべきことを決めることである。そして、自らの強みを生かすことである。

成果をあげる道は、尊敬すべき上司、成功している上司を真似することではない。たとえ私の本であっても、それに載っているプログラムに従うことではない。自らの強み、指紋のように自らに固有の強みを発揮しなければ、成果をあげることはできない。なすべきは、自らがもっているものを使って成果をあげることである。

自らの強みは、自らの成果で分かる。もちろん、好きなこととうまくやれることとの間には、ある程度の相関関係がある。また、人は嫌いなことには手間をかけないことから、嫌いなこととうまくやれないこととの間には、さらに強い相関関係がある。

アルバート・アインシュタインのような例外はある。彼は、「シンフォニーで弾けるぐらいバイオリンがうまくなれるならば、ノーベル賞と取り換えてもよい」といっていた。その彼が弦楽器の名手として必要な技をまったく欠いていた。日に四時間弾いていた。それは彼の強みではなかった。数学は嫌いだといっていたが、天才だったのはその数学のほうだった。

仕事が刺激を与えてくれるのは、自らの成長を期しつつ、自ら仕事の興奮と挑戦と変化を生み出しているときである。そのような能力は、自らと自らの仕事の双方を、新たな次元で見ることによって増大する。指揮者に勧められて、客席から演奏を聴いたクラリネット奏者がいる。そのとき彼は初めて音楽を聴いたという。その後彼は、上手に吹くことを越えて音楽を創造するようになった。これが成長である。仕事の仕方を変えたのではない。意味を加えたのだった。

自らの成長につながるもっとも効果的な方法は、自らの予期せぬ成功を見つけ、その予期せぬ成功を追求することである。ところが、ほとんどの人が問題にばかり気をとられ、成功の証を無視する。

報告書も、問題に焦点を当てている。最初のページには、前期の業績不振についての要約がある。しかしそこには、当初の計画や予算よりもよい成績を記すべきである。そこにこそ、予期せぬ成功の兆しが現われる。最初は無視してしまうかもしれない。「放っておいてくれ。問題の解決に忙しすぎる」。だがやがて、予期せぬ成功をフォローすれば、問題は自ずと解決するかもしれないことに気づく。

成長のプロセスを維持していくための強力な手法を三つあげるならば、教えること、移ること、現場に出ることである。第一に、うまくいったことをどのように行ったかを仲間に教えることである。聞き手が学ぶだけでなく、自らが学ぶ。第二に、別の組織で働くことである。そこから、新たな選択の道が開かれる。第三に、一年に何度か現場で働くことである。

ある医療管理者が、数年前、ストか何かの流行病のために、病棟看護人のひとりとして、一週間ほど働かなければならなかった。毎日がドラマだった。学ばざるを得なかった。真剣にならざるをえなかった。今日その病院では、年に一週間、管理者はすべて病棟で働く決まりにしている。

成長のための偉大な能力をもつ者はすべて、自分自身に焦点を合わせている。ある意味では自己中心的であって、世の中のことすべてを成長の糧にしている。

何によって憶えられたいか

私が一三歳のとき、宗教のすばらしい先生がいた。教室の中を歩きながら、「何によって憶えられたいかね」と聞いた。誰も答えられなかった。先生は笑いながらこういった。「今答えられるとは思わない。でも、五〇歳になっても答えられなければ、人生を無駄にしたことになるよ」

長い年月が経って、私たちは六〇年ぶりの同窓会を開いた。ほとんどが健在だった。あまりに久しぶりのことだったため、初めのうちは会話もぎこちなかった。するとひとりが、「フリーグラー牧師の質問のことを憶えているか」といった。みな憶えていた。そしてみな、四〇代になるまで意味が分からなかったが、その後、この質問のおかげで人生が変わったといった。

今日でも私は、この「何によって憶えられたいか」を自らに問い続けている。これは、自らの成長を促す問いである。なぜならば、自らを異なる人物、そうなりうる人物として見るよう仕向けられるからである。運のよい人は、フリーグラー牧師のような導き手によって、この問いを人生の早い時期に問いかけてもらい、一生を通じて自らに問い続けていくことができる。

付章　eコマースが意味するもの——IT革命の先に何があるか

新産業出現の兆し

ＩＴ（情報技術）革命は、始まったばかりである。問題は、情報そのもののインパクトではない。人工頭脳のそれでもない。意思決定や政策や戦略に対するコンピュータのそれでもない。一〇年、一五年という、ついこの間まで予測どころか話題にもなっていなかったもの、eコマースのインパクトである。製品やサービスの取引にとどまらず、知識労働者の求人求職にさえ使われるようになった大流通チャネルとしての、インターネットが与えるインパクトである。

eコマースは、経済と市場と産業構造を根底から変え始めた。製品、サービス、流通、消費者、消費行動、労働市場を変え始めた。さらには、われわれの社会、政治、世界観、そしてわれわれ自身にインパクトを与え始めた。

これからは、この変化に続いて、いくつかの予想もつかない新産業が出現する。すでにバイオテクノロジーが現われている。水産の養殖が現われている。一万年前に陸上で起こったように、今後五〇年以内に、海洋においても、狩猟と採集から農耕と牧畜の時代に入る。他にも新技術が新産業を生んでいく。それが何であるかは分からない。しかし、新技術、新産業が現われることだけは確実である。

そのうえ、それらの新産業のうち、コンピュータやITと直接関わりをもつものは、あまりないであろうことも、ほぼ確実である。それらの新産業は、バイオや養殖のように、予想外の技術から生まれる。

もちろん、これは予測にすぎない。しかしそれは、一四五五年のグーテンベルクの印刷革命以降、今日までの五〇〇年間において他の技術主導の革命が辿った道から容易に推定されることである。さらには、一八世紀後半から一九世紀前半にかけての産業革命が辿った道からも予測されることである。すでに、今度のIT革命の最初の五〇年が示しているとおりである。

産業革命における鉄道の役割

今日IT革命は、産業革命における一八二〇年代の段階にある。ジェームズ・ワットの蒸気機関が、初めて産業用として綿紡績に使われた一七八五年から約四〇年後の段階にある。IT革命において、産業革命における蒸気機関に相当するものがコンピュータだった。いずれもが、革命の導火線であり、象徴だった。

誰もが、今日のIT革命ほどその進行が速く、大きなインパクトを与えるものはないと思っている。しかし実際には、産業革命も、ほとんど同じ速さで進行し、同じ大きさのインパクトを与えた。それは、一八世紀から一九世紀にかけてのもっとも重要な工業製品、繊維の生産をはじめ、製造プロセスのほとんどを機械化した。

今日ムーアの法則によれば、IT革命の基本財であるマイクロチップは、一年半で半値になっていくという。しかし、産業革命で生産が機械化された製品にも同じことは起こった。綿繊維の価格は、一八世紀初めから五〇年で九〇％安くなった。その間生産量は、イギリスだけで一五〇倍に増えた。繊維製品ほどの華やかさはなかったが、紙、ガラス、革、レンガの生産も、機械化された。消費財だけではなかった。鉄鋼や鉄製品も、蒸気機関の力によって、機械化され、コストと価格を下げ、生産量を伸ばした。ナポレオン戦争が終わるころには、銃器の生産にも蒸気機関が使われた。生産のスピードは二〇倍になり、コストは三分の一に下がった。アメリカでは、ホイットニーのマスケット銃の生産が、最初の大量生産産業として機械化された。

わずか四、五〇年の間に、労働者階級が生まれた。一八二〇年代には、統計的にはたいした存在ではなかったが、社会心理的にはきわめて大きな存在になった。やがて、政治的にも侮れない存在になった。

アメリカでは、さしたる工場がまだなかった一七九一年に、アレキサンダー・ハミルトンが『製造に関する報告』において、来るべき工業化を予測した。その一〇年少々後の一八〇三年、フランスの経済学者ジャン＝バティスト・セイが、産業革命が起業家を生みだし、経済の変革をもたらすことを指摘した。

社会そのものへの産業革命のインパクトは、労働者階級の出現さえ越えるものだった。歴史家ポール・ジョンソンの『アメリカ人の歴史』（一九九七年）によれば、奴隷制の復活をもたらしたものは、蒸気機関を手にした繊維産業だった。建国の父たちが事実上自然死したと見た奴隷制が、綿繰り機による低コスト労働への爆発的な需要増によって復活した。その後数十年にわたって、奴隷の繁殖は、アメリカでもっとも高収益の産業となった。
産業革命は、家族にも大きなインパクトを与えた。それまでは、家族が生産単位だった。農家の畑や職人の作業場では、夫、妻、子供が一緒に働いていた。ところが工場は、人類史上初めて、働く者と仕事を家から引き離し、職場へ移した。家には、工場労働者の配偶者が残された。産業革命初期のころには、年少者が親から引き離された。家族の崩壊は、第二次世界大戦後の問題ではなかった。産業革命の問題だった。それは、産業革命に反対する人たちの懸念どおりに進行した。

労働と家族の分離、及びその影響の大きさは、チャールズ・ディケンズの小説『ハードタイムス』(一八五四年)に見ることができる。

ところが、これだけ大きなインパクトを与えた産業革命が、実際に最初の五〇年間にしたことは、産業革命以前から存在していた製品の生産の機械化だけだった。たしかに、生産量を大幅に増やし、生産コストを大幅に下げた。大衆消費者と大衆消費財を生み出した。だが製品そのものは、産業革命以前から存在していた。製品そのものは、以前のものよりも品質のばらつきがなくなり、欠陥が少なくなっただけだった。

この五〇年間に現われた新製品は、一八〇七年にロバート・フルトンがつくった蒸気船だけだった。だが蒸気船は、三〇年から四〇年というもの、さしたるインパクトを与えなかった。実に一九世紀も終わり近くになるまで、世界の海上輸送の主役は、蒸気船ではなく帆船だった。

そして一八二九年、まったくの新製品として鉄道が現われ、世界の経済と社会と政治を一変させた。

今から考えるならば、鉄道の発明が、なぜあれほど遅れたかが不思議である。炭鉱では、かなり前からレールが使われていた。人や馬ではなく、蒸気機関を使ったほうがよいに決まっていた。ところが鉄道が生まれたのは、炭鉱ではなかった。炭鉱とは関係なく生まれた。しかも、その鉄道は貨物用ではなかった。それは長い間、人を運ぶためのものとされた。物を運ぶようになったのは三〇年後、アメリカにおいてだった。

一八七〇年から八〇年代にかけ、日本に雇われたイギリス人技師たちも、もっぱら人を運ぶためのものとして鉄道を設計した。日本の鉄道も、人を運ぶためのものだった。

鉄道は、実際にそれが発明されるまでは、そのようなものがありうることさえ気づかれない製品だった。ところがいざ発明されると、五年後には史上最大のブームが始まった。ヨーロッパでは、不況によって終息する一八五〇年代まで三〇年続き、今日のおもな鉄道のほとんどが建設された。アメリカではさらに三〇年続き、アルゼンチン、ブラジル、ロシアのアジア部、中国では第一次大戦まで続いた。

鉄道こそが、産業革命を真の革命にするものだった。それは、経済を変えただけでなく、心理的な地理概念を変えた。人類が、初めて本当の移動能力を得た。初めて普通の人の世界が広がった。しかも、その結果生じた世界観の変化さえ、ただちに広く認識された。

この変化は、ジョージ・エリオットの小説『ミドルマーチ』（一八七一年）に見事に描かれている。

フランスの歴史家フェルナン・ブローデルの『フランスのアイデンティティ』（一九八六年）によれば、フランスを一つの国、一つの文化にしたものが鉄道だった。それまでフランスは、政治的には統一されていたが、自己完結した地域の集合体にすぎなかった。アメリカの西部開拓が鉄道によるものだったことは常識である。

ＩＴ革命によるプロセスのルーティン化

二世紀前の産業革命の初期のころと同じように、一九四〇年代半ばにコンピュータの出現とともに始まったＩＴ革命は、今日までのところは、ＩＴ革命以前から存在していたもののプロセスを変えてきたにすぎない。実体上は、いささかの変化ももたらしていない。四〇年前に予測された変化は、一つとして起こっていない。大きな意思決定の仕方は変わっていない。ＩＴ革命が行ったことは、今日のところ、むかしからあった諸々のプロセスをルーティン化しただけである。

ピアノの調律にかかる時間は、三時間から二〇分になった。給与計算、在庫管理、配送管理、その他日常業務のためのソフトが開発された。病院や刑務所の配管の製図は、それまで二五人で五〇日を要していたが、ひとりの人間で二日でできるようになった。一般人に税の還付申請を教えるソフトや、レジデント医に胆のう摘出手術を教えるソフトがつくられた。一九二〇年代には証券会社に出かけて何時間もかけて行っていたことを、今日ではオンラインで行えるようになった。しかしプロセス自体は変わっていない。ルーティン化され、時間の節約とコストの削減があったたけである。

ＩＴ革命においてコンピュータが与えた社会的なインパクトは、産業革命における蒸気機関のそれと同じように大きい。その最大のものが勉強の仕方である。四歳でパソコンをいじりだした子供は、すぐに大人を追い越す。彼らにとっては、おもちゃであると同じに学習ツールである。今から五〇年もすれば、二〇世紀末のアメリカには教育危機などなかったということになっているかもしれない。実は、活字と印刷機の発明によって起こった印刷革命の一〇〇年後、一七世紀の大学においても同じことが起こった。しかし仕事の仕方については、今日のところＩＴ革命は、すでにあったものをルーティン化しているにすぎない。

唯一の例外が、二〇年ほど前に発明されたＣＤ―ＲＯＭである。それによって、オペラや大学の講義、あるいは作家の全作品が簡単に見られるようになった。だが今日のところ、かつての蒸気船と同じように、ブームには至っていない。

eコマースがもたらすもの

ＩＴ革命におけるeコマースの位置づけは、産業革命における鉄道に相当する。まったく新しく、誰も予期できなかった発明である。そして一七〇年前の鉄道と同じように、それはまったく新しいブームを呼びつつある。やがて、経済と社会と政治を一変させる。

一例を紹介する。一九二〇年代に創業し、現在創業者の孫が経営するあるアメリカ中西部の中堅食器メーカーは、一〇〇マイル圏内のファストフード店、学校・病院の食堂に、六〇％のシェアをもっていた。重くて壊れやすい食器は地域独占性が強かった。ところが先ごろ、この会社のシェアがあっという間に半減した。ある病院の食堂に勤める誰かが、ネットサーフィン中に、ヨーロッパ製品が安くてよいことを発見したのだった。数か月後には、おもな大口顧客が次々にそちらに乗り換えていった。製品が、アメリカ製でなくヨーロッパ製であることを気にする者などひとりもいなかった。

産業革命において鉄道が生んだ心理的な地理によって、人間は距離を征服した。ＩＴ革命においてｅコマースが生んだ心理的な地理によって、距離は消えた。もはや世界には、一つの経済、一つの市場しかない。

このことは、地場の小さな市場を相手にするだけの中小企業さえ、グローバルな競争力を必要とするようになったことを意味する。競争は、もはやローカルたりえない。境界はない。あらゆる企業が、グローバル化しなければならない。多国籍企業も、これまでと同じでは取り残される。たとえ世界中で生産し販売していても、それぞれの地では、あくまでもローカルな存在にとどまっている。ｅコマースの時代にあっては、ローカルな存在はありえない。もちろん、どこで生産し、どこで販売し、いかに販売するかは重要である。しかし、あと二〇年もすれば、それらの意思決定さえ、意味のないものとなる。

ところが、何がｅコマースに乗り、何が乗らないかは分からない。流通チャネルとは、そういうものである。

鉄道が経済的な地理と心理的な地理の両方を変えたのに比べ、なぜ蒸気船にはそれができなかったのか、なぜ蒸気船ブームは起こらなかったのかは、誰にも分からない。

地元の小さな食品店からスーパーへ、スーパーからチェーンへ、チェーンからウォルマートをはじめとするディスカウント・チェーンへという流通チャネルの発展についても、それが与えるインパクトの中身は、なかなか明らかにならなかった。ｅコマースの与えるインパクトもまた、今日のところ予測不可能である。

ここにいくつかの例がある。二五年前には、二、三〇年もすれば、情報は、家庭のディスプレイまで電送されるようになると予測された。画面で見る者もいれば、プリントアウトする者もいるだろう。ＣＤ―ＲＯＭもそのようなものに使われるとされた。そして、各国の新聞社が記事のオンライン化に取り組んだ。

これに対し、二〇年前、やがて今日のアマゾン・ドット・コムやバーンズアンドノーブル・ドット・コムのような企業が現われ、書籍の注文をインターネットで受け、書籍そのものを送り届けるようになるだろうと予測したら、一笑に付されたに違いない。ところが今日、両社は、まさにそのようなビジネスを世界中で展開している。私の近著『明日を支配するもの』のアメリカ版への最初の注文も、アマゾン・ドット・コムを通じて、アルゼンチンから入った。

ここにもう一つ例がある。一〇年ほど前、ビッグスリーの一つが、インターネットが自動車販売に与える影響について詳細な分析を行った。結論は、中古車の客はインターネットを使うだろうが、新車の客は依然として、自分の目で確かめ試乗することを望むだろうとしていた。ところが実際には、少なくともこれまでのところ、中古車のほうが店頭で購入されている。これに対し、高級車以外の新車の半数が、インターネットで購入されている。客はインターネットで決めている。それでは、自動車販売店という、二〇世紀でもっとも収益率のよかった小売業の先行きは、どうなるのだろうか。

もう一つある。証券トレーダーは、一九九八年から九九年にかけて、オンライン売買を増やしたが、投資家自体はオンラインから離れつつある。今日アメリカでの投資ツールは投資信託が主流である。ところがそのオンライン販売は、二、三年前の五〇%から、二〇〇〇年には三五%、二〇〇五年には二〇%に減ると見られている。これは一〇年、一五年前に常識になっていた予測とは逆である。

アメリカでは、今日もっとも急速に伸びているeコマースは、ついこの間まではビジネスとは呼べなかったもの、すなわち経営管理者や専門家の求人求職である。今日では、大企業の半数近くがインターネットで求人する一方、二五〇万人もの経営管理者や専門家が、インターネットで履歴書を公開し、求人のオファーを求めている（しかもそのうち三分の二は、技術者でも、コンピュータの専門家でもない）。こうしてまったく新しい種類の労働市場が生まれている。

これらのことは、eコマースのインパクトについて、もう一つ重要なことを教えている。流通チャネルは、客が誰かを変える。客がどのように買うかだけでなく、何を買うかを変える。消費者行動を変え、貯蓄パターンを変え、産業構造を変える。一言でいえば、経済全体を変える。これが今、アメリカで起こりつつあり、他の先進国でも起こり始めていることである。中国その他の新興国でも起こることである。

新産業がもたらしたもの

鉄道は、産業革命を後戻りできないものにした。それまで革命だったものを既成の事実にした。鉄道が火をつけたブームは一〇〇年近く続いた。

蒸気機関の技術は、鉄道が終着駅ではなかった。一八八〇年代から九〇年代にかけて蒸気タービンが生まれた。一九二〇年代から三〇年代にかけて今日の鉄道マニアの宝、アメリカの蒸気機関車の決定版が生まれた。

しかし蒸気機関がらみの技術、さらには製造プロセスに関わる技術は、やがて舞台の中心から身を引き始めた。舞台の中心には、鉄道の発明後に芽を出した新産業、しかも蒸気機関とは無縁の新産業が登場した。初めが一八三〇年代に現われた電報と写真であり、次が光学機器と農業機械だった。一八三〇年代の後半に始まった肥料産業は、ただちに農業を変えた。公衆衛生が成長部門となり、伝染病の隔離、ワクチンの発明、下水道の発達と続いた。こうして歴史上初めて、都市が農村よりも健康な住環境となった。麻酔もこのころ現われた。

これらの新技術、新産業に続いて、新たな社会制度が現われた。近代郵便、新聞、投資銀行、商業銀行だった。それらはいずれも、蒸気機関どころか産業革命の技術を越えて、先進国の産業と経済の様相を支配するに至った。

これらのことは、技術革命の第一号である印刷革命のときにも起こった。一四五五年のグーテンベルクによる印刷機と活字の発明に続く五〇年間、ヨーロッパでは印刷革命が広がり、経済と社会を変え始めた。だが最初の五〇年間に印刷されたものは、主としてそれまで修道士が筆写していた宗教書や古文書だった。その間出版された七〇〇〇点の文献（版数にして三万五〇〇〇点）のうち、少なくとも六七〇〇点は、それら筆写されてきたものだった。ということは、それらの文献が入手しやすく、かつ安くなったというにすぎなかった。

ところが、グーテンベルクの発明の六〇年後、ルターのドイツ語聖書がおそるべき低コストで現われ、数十万部が印刷された。そして印刷革命は、ルターの聖書によって社会を変え始めた。印刷革命がプロテスタンティズムに道を開き、ヨーロッパの半分を席巻させ、二〇年後には、残った半分でカトリックに改革を行わせた。ルターは印刷という新しいメディアによって、一人ひとりの人間と社会の拠りどころとしての宗教を再生させた。実に一五〇年に及ぶ宗教改革と宗教戦争の口火を切った。ちょうどルターが印刷によって宗教の再生を図ったころ、マキャベリが、聖書や古代の著作からの引用のない一〇〇〇年ぶりの本『君主論』（一五一三年）を書いた。それは、一六世紀のもう一つのベストセラー、もっとも悪名高く、もっとも影響を与える本となった。続いて、世俗的な本が、次々と出版された。文学、歴史、政治、科学、ついには経済の本まで出版された。

その後間もなく、純粋に世俗的な芸術様式として、イギリスに近代演劇が生まれた。新たな社会的機関として、イエズス会、スペインの常設軍、近代海軍、さらには国民国家が生まれた。つまるところ、印刷革命は、三〇〇年後の産業革命が辿ったと同じ道、今日のＩＴ革命が辿るに違いない道を辿った。

ＩＴ革命から、いかなる新産業が生まれ、いかなる社会制度、社会機関が生まれるかはまだ分からない。一五二〇年当時、やがて世俗的な本が出現することなど予測できなかった。世俗的な演劇の出現も予測できなかった。一八二〇年代当時では、電報や写真や公衆衛生の出現も予測できなかった。

しかし、絶対とまではいかなくとも、かなりの確率をもって今予測できることがある。それは、今後二〇年間に、相当数の新産業が生まれるであろうことである。しかもそれらの多くは、ＩＴ、コンピュータ、インターネット関連ではないであろうことである。このことは、これまでの歴史の先例が示している。すでに現われつつある新産業にも見られるとおりである。バイオであり、養殖である。

二五年前、鮭はご馳走だった。普通の食事は鳥肉か牛肉だった。今日では、鮭は特別のものではない。普通の食事である。それらの鮭は養殖である。鱒も同じである。他の魚もやがてそうなる。鰈（カレイ）もそうなる。その結果、魚の品種改良が行われるようになる。牛、羊、鶏の家畜化が、それぞれの品種改良につながったのと同じである。

しかし今日、やがて現われるべき新技術も、いまだ二五年前のバイオの段階にある。開発前夜である。

今まさに生まれようとしているサービス産業がある。為替変動のリスクに対する保険である。あらゆる企業がグローバル経済に組みこまれた以上、火災や洪水などの物理的なリスクに対応すべく産業革命の初期に現われた今日の保険と同じように、為替リスクに対応すべき保険が求められている。必要な知識は揃っている。欠けているのは制度だけである。

こうして今後二〇年、三〇年の間に、コンピュータの出現から今日までに見られたものよりもはるかに大きな技術の変化、産業構造、経済構造、さらには社会構造の変化が見られることになる。

テクノロジストの出現

鉄道のあと出現した当時の新産業は、技術的には、蒸気機関にも産業革命にも負うところはほとんどなかった。産業革命の実子ではなく、弟子だった。それらの新産業といえども、産業革命がもたらした意識の変化と生産技能が存在しなければ、成立しえなかった。意識の変化とは、新製品や新サービスを受け入れるだけでなく、それを熱烈に歓迎するという時代の気風の醸成だった。産業革命が、新産業の成立を可能にした社会的な価値観を生みだしていた。そして何よりも、技能技術者としてのテクノロジストを生みだしていた。

一七九三年、蒸気機関とともに産業革命の柱となった綿繰り機を発明したアメリカ人ホイットニーは、経済的にも社会的にも報われなかった。だが、彼の一世代後の叩き上げのテクノロジストたちは名をあげた。社会的に認められ、経済的に報われた。最初が電報を発明したモースだった。もちろんエジソンも名をあげた。ヨーロッパ大陸では、実業人は長いこと社会的に認められなかったが、テクノロジストのほうは、一八三〇年、四〇年には、尊敬すべきプロフェッショナルとして遇されていた。

一八五〇年代、イギリスは産業国家としての優位を失い始め、最初にアメリカ、次にドイツに抜かれた。その原因は、経済や技術にあったのではなかった。社会にあった。経済的には、特に金融の分野で、イギリスは第一次大戦まで大国の地位を守った。科学の分野でも、一九世紀の間は地位を守った。近代化学産業による最初の製品たる合成染料は、イギリスで発明された。蒸気タービンもイギリスで発明された。しかしイギリスは、テクノロジストを社会的に受け入れなかった。テクノロジストは紳士と認めなかった。一流の工業学校をいくつかインドにつくったが、本国にはつくらなかった。科学者には敬意をはらっていた。そのため一九世紀中は、物理学で世界をリードした。マックスウェル、ファラデー、ラザフォードがいた。しかし、テクノロジストは職工の座にとめおかれた。

イギリスは、未知のものを資金的に助けるベンチャーキャピタリストも育てなかった。バルザックの一八四〇年代の作品『人間喜劇』に出てくるフランスの発明品たるベンチャーキャピタリストは、アメリカではJ・P・モルガンによって、ドイツと日本ではいくつかのユニバーサルバンクによって制度化された。しかしイギリスでは、商業取引に融資を行うコマーシャルバンクは生まれ育ったが、産業活動に融資を行う金融機関は、第二次大戦の直前、ドイツからの亡命者Ｓ・Ｇ・ウォーバーグとヘンリー・グルンフェルドが、ロンドンに起業家的な銀行を設立するのを待たなければならなかった。

知識労働者は金銭で動かない

二一世紀のイギリスになることを防ぐためには何が必要か。社会としての価値観に劇的な変化が必要である。鉄道後の工業化社会においてリーダーシップを握るには、職工からテクノロジストへの劇的な転換が必要とされたのと同じである。

今日ＩＴ革命と呼んでいるものは、実際には知識革命である。諸々のプロセスのルーティン化を可能にしたものは、機械ではなかった。コンピュータは口火にすぎなかった。ソフトとは、長い経験に基づく仕事の再編である。知識の適用、特に体系的論理的な分析による仕事の再編である。鍵はエレクトロニクスではない。認識科学である。

ということは、まさに出現しようとしている新しい経済と技術において、リーダーシップをとり続けていくうえで鍵となるものは、知識のプロとしての知識労働者の社会的地位であり、社会的認知である。もし万が一、彼らをむかしながらの従業員の地位に置き、その待遇を変えなければ、テクノロジストを職工として扱ったかつてのイギリスの轍を踏むことになる。その帰趨も、同じところとなる。

ところが、今日われわれは、資金こそ主たる資源であり、その提供者こそが主人であるとのむかしからの考えに固執し、知識労働者に対しては、ボーナスやストックオプションによってむかしながらの従業員の地位に満足させようとしている。そのようなことは、今日のインターネット関連会社のように株価が高騰している間にのみ通用することである。だがこれから登場する新産業は、かつての産業と同じ動きをするはずである。ゆっくりと、苦労しつつ、汗水流して進んでいくことになる。

綿製品、鉄鋼、鉄道など産業革命初期の新産業は、一夜にして、バルザックのベンチャーキャピタリストや、ディケンズの鋳物工場主のような成り金を生み出すブーム産業となった。一八三〇年代以降の第二陣となった新産業も、やがて百万長者を生み出した。しかしそれら第二陣の新産業では、そこまでいくのに二〇年を要した。二〇年の苦労、失望、失敗があった。これからの新産業も同じ道を通る。すでにバイオがそうである。

したがって、そもそもそれらの新産業が頼りにすべき知識労働者を金で懐柔することは、不可能である。もちろん、それらの新産業に働く知識労働者も、実りがあれば分け前を求めるだろう。だが実りには時間を要する。今日のような短期的な株主利益を最優先する経営では、一〇年ももたない。それらの知識を基盤とする新産業の成否は、どこまで知識労働者を惹きつけ、とどまらせ、やる気を起こさせられるかにかかっている。

したがって、金銭欲に訴えてやる気を起こさせることが不可能なのであれば、彼らの価値観を満足させ、社会的な地位を与え、社会的な力を与えることによって活躍してもらわなければならない。もちろんそのためには、彼らを部下としてではなく、同僚のエグゼクティブとして、単なる高給の従業員としてではなく、パートナーとして遇さなければならない。

編訳者あとがき

ドラッカーの翻訳をしてきて、常に次作が待たれていることを感じてきた。多くの方々から、ドラッカーについて手紙をもらい、話しかけられ、電話をいただいた。ドラッカーのおかげで経営がうまくいっているという方、ドラッカーの書いたことをもとに社員に話をするという方、ドラッカーの新著について幹部に感想を書かせているという方がいた。

ドラッカーの言うことは、常に新しい。そのため原稿を手にしたときには、どう訳すべきかに悩む。ところが数年後、一〇年、一五年後には、当たり前のこととして、誰もが話をしている。なかには、新訳を読み、「今起こっていることではないか。ベストセラーになったとき読んだが、これほど重要とは思わなかった」という方もいる。一九九九年の秋、三〇年ぶりの日本での新訳『断絶の時代』を読んでの感想だった。

経団連で働いている間、私自身、委員会や部会の運営、意見書原案の作成において、ドラッカーの識見のおかげをこうむることが多かった。現在、二〇〇一年の開学を目指して、テクノロジストの育成を目的とする大学の設立に取り組んでいるが、ここにおいても、ドラッカーの著作、私信から得るものは多い。これらのものの根底には、社会的存在としての人間への愛がある。マネジメントの「師の師」の域などはるかに越えている。

しかし何かが足りない。

「先輩がドラッカーを読めという。何から読むか」「もっとドラッカーを読みたいが、何にしたらよいか。自分で選びたい」「ドラッカーはずいぶん読んだ。読み返したいが全体が見えない。大きすぎる」。数日前のあるパーティでは、ベンチャー企業の社長や、建築の教授から、別々に同じことを聞かれた。「『明日を支配するもの』を読んだが、次は何を読んだらよいか」

ジョン・タラント、ジャック・ビーティ、ジョン・フラハティーのものなど、ドラッカーについての本が役に立つかもしれない。しかし実際にこれらの質問を受けてみれば、自信をもって答えられる人はあまりいない。ドラッカーについての本、記事、セミナーは、世界中あらゆる言語のものがある。しかし実際にこれらの質問を受けてみれば、自信をもって答えられる人はあまりいない。私自身答えられないし、ドラッカーの日本での出版社ダイヤモンド社の編集者も答えに困るという。「本屋や図書館でよさそうなのを選んでほしい」というしかない。このようなことは、世界中で起こっている。

そこで私は、ドラッカーに「何かが足りない」と書いた。ドラッカーの読者にせよ、これから読もうとしている人にせよ、世界中で大勢の人が次に何を読むかのヒントになり、かつそれ自体が面白いという、ドラッカー自身の手による何かが必要である。私の考えは、ドラッカーのおもな著作三一点を一冊ないしは二冊にまとめられないかというものだった。彼自身ができれば、それにこしたことはない。

こうしてドラッカーと私は、ドラッカー読者のための道案内として、エセンシャル・ドラッカー・オン・マネジメント（ドラッカー・マネジメント読本）とエセンシャル・ドラッカー・オン・ソサエティ（ドラッカー社会論読本）の二冊を制作することになった。具体的には、ドラッカーが見、予告し、生み出してきたものの精髄を理解するうえで必須な著作、章、文節を精選し、これにドラッカー自身が加筆、削除、修正を加えていくことになった。二人とも、作業がかなり面白いものとなるであろうことを予感した。

ところが作業を始めて間もなく、マネジメントと社会のほかにもう一つ、独立して扱うに値する分野のあることに気がついた。それが一人ひとりの人間に関わる領域だった。

ドラッカーは、人は、社会として機能する社会を必要とするという。そして社会は、その構成員たる一人ひとりの人間に「位置づけ」と「役割」を与え、そこに存在する決定的権力が彼らにとって「正統」と納得されているとき、初めて社会として機能するという。これが六〇年前、当時到来しつつあった産業社会への適用、すなわち「産業社会に関わる特殊理論」の確立を目指して、彼が発展させた「社会に関わる一般理論」の骨格だった。今日彼は、本書付章の「eコマースが意味するもの――IT革命の先に何があるか」の章末にも明らかなように、第三千年紀の冒頭における「知識社会に関わる特殊理論」の確立に取り組んでいるところである。

この六〇年間ドラッカーが、「見るために生まれ、物見の役を仰せつけられし者」(ゲーテ『ファウスト』)として、社会とマネジメントの二つの世界をときに重ね合わせ、ときに交叉させて書いてきたことは、広く知られている。しかし彼の世界においては、すべての鍵は一人ひとりの人間にある。関心の中心は常に、自由で責任ある社会における一人ひとりの人間の位置づけと役割と尊厳にある。それとともに、社会の機関としてだけでなく、一人ひとりの人間の成果と貢献と自己実現のための道具としての組織の機能にある。

そのようなわけで、私たちは社会とマネジメントに関わるものに加え、エセンシャル・ドラッカー・オン・インディヴィデュアルズ(ドラッカー生き方・働き方読本)をまとめることとし、しかも、人類史上最大の乱気流下にあって、今日進むべき道を模索している一人ひとりの人たちのために、それを最初に世に出すことにした。

本書は、一人ひとりの人間に焦点を合わせている。とはいえ、稼ぎ方の本ではないし、単なるキャリア・アップのためのものでもない。それは「何をしたらよいか」を越え、「自分を使って何をどのように貢献したらよいか」に答えを出そうとするものである。実に本書は、「何をもって記憶されたいか」を自問せざるをえなくする。

本書は、ドラッカーの著作一〇点及び論文一点からの抜粋である。本書によってドラッカーの暖かい激励のメッセージを楽しんでいただければ幸甚である。

本書パート1「いま世界に何が起こっているか」は、今日のわれわれが住む社会における基本的な変化に焦点を合わせている。自らがどこにいるかを知らずして、成果をあげ、貢献し、自己実現することはできない。

1章「ポスト資本主義社会への転換」は、ハーバード・ビジネス・スクールのローザベス・モス・カンター教授が、「知識社会が、世界の地勢から日常の職場にいたるわれわれの世界と生活の全領域を、いかに変えつつあるかを示した最高の書」と評したベストセラー『ポスト資本主義社会――二一世紀の組織と人間はどう変わるか *Post-Capitalist Society*』（一九九三年）の「序章　歴史の転換期」と「第1章　資本主義から知識社会へ」からの抜粋である。

2章「新しい社会の主役は誰か」は、『ハーバード・ビジネス・レビュー』誌が、「再びドラッカーは、ビジネスとマネジメントに関わるあらゆる人たちに対し、思考のための貴重な素材を提供してくれた」と評した話題作『未来への決断――大転換期のサバイバル・マニュアル *Managing in a Time of Great Change*』（一九九五年）の「第7章　組織社会の到来」からの抜粋である。

パート2「働くことの意味が変わった」は、知識労働者と知識労働について論じている。自らが何であり、何を行っているかを知らずして、何ごとかをなし遂げることはできない。

その1章「知識労働の生産性をいかにして高めるか」は、『未来企業——生き残る組織の条件 *Managing for the Future:The 1990's and Beyond*』（一九九二年）収載の「第13章　生産性の新たな課題」からとった。一九九二年、経団連が中国の有力大学付属の日本研究所に日本語文献をまとめて寄贈すべく、経団連会員の経済人に対し、サイン入り本の寄贈を依頼したところ、もっとも多く寄せられたものが本書だった。

2章「なぜ成果があがらないのか」、3章「貢献を重視する」は、『経営者の条件　*The Effective Executive*』（一九六六年、日本版新訳一九九五年）の「第1章　成果をあげる能力は修得できる」及び「第3章　どのような貢献ができるか」からである。『クリスチャン・サイエンス・モニター』紙は、本書を「事実よりもむしろ直観の重視を薦める大胆な作品、組織の罠から逃れるために不可欠のサバイバル・マニュアル」と評した。ドラッカーは本書において、「仕事ができるようになろうとする者は、必ずできるようになる。成果をあげることは、身につけられるし、身につけなければならない」と断じている。

パート3「自らをマネジメントする」は、本書の中核部分であって、まさに一流の仕事ができるようになるための秘訣である。ここでは、そのために身につけるべきことを明らかにした。

その1章「私の人生を変えた七つの経験」は『ドラッカー・中内往復書簡——創生の時　*Drucker on Asia*』（一九九七年、日本版は『挑戦の時』との二分冊）からの抜粋である。ドイツの『マネジャー』誌は、本書を「論理的思考と現場的創造の枠」と評した。

2章「自らの強みを知る」は、ドラッカーの最近著『明日を支配するもの——二一世紀のマネジメ

ント革命 *Management Challenges for the 21st Century*』（一九九九年）の「第6章　自らをマネジメントする――明日の生き方」からの抜粋である。大企業CEOへのコンサルタントとしても活躍中の産業心理学者、リーダーシップ論の大家ウォーレン・ベニス教授は、本書を「明日われわれが直面することになる中核的な問題の数々についての、現代のマネジメント界最高の思索家による斬新かつ革命的な着想と洞察の本」と紹介している。3章「時間を管理する方法」、4章「もっとも重要なことに集中せよ」は、再度『経営者の条件』の「第2章　汝の時間を知れ」と「第5章　もっとも重要なことから始めよ」からの抜粋である。

本書のパート4「意思決定のための基礎知識」は、知識労働者が成果をあげるうえで欠くことのできない基本的な知識を示したものである。

特に1章「意思決定の秘訣」は、日常の仕事において、常に何らかの決定を行っていかなければならない者にとって、とりわけ価値があるはずである。本章もまた『経営者の条件』の「第6章　意思決定とは何か」および「第7章　成果をあげる意思決定とは」からの引用である。

2章「優れたコミュニケーションとは何か」は、ドラッカーの膨大な古典『マネジメント――課題・責任・実践 *Management: Task, Responsibilities, Practices* 』（一九七三年、『抄訳マネジメント』一九七五年）の「第38章　マネジメントとコミュニケーション」からの抜粋である。今日も大学、セミナーのマネジメント課程で教科書として使われている本書は、実証ずみのマネジメント上の手法を分かりやすく解説して、マネジメントの宝庫というべきものである。

そして3章「情報と組織」は『ウォール・ストリート・ジャーナル』紙の論説ページ、『パブリック・インタレスト』『インク』『フォリン・アフェアーズ』『フォーブズ』『ハーバード・ビジネス・レビュー』などの各紙誌に掲載した三五本の論文からなる『マネジメント・フロンティア――明日の行

動指針　*The Frontiers of Management*』（一九八六年）に収載の「第25章　情報型組織の利点と条件」

からの抜粋である。『フォリン・アフェアーズ』誌に発表された本書の「第1章　変貌した世界経済」

は、世界経済におけるシンボル経済の主役化を宣して、その年もっとも広く読まれた話題の論文となった。

4章「仕事としてのリーダーシップ」は、『未来企業』の「第15章　リーダーシップ――格好よりも行動」、5章「人の強みを生かす」は『経営者の条件』の「第4章　強みを生かせ」からとった。

6章「イノベーションの原理と方法」は、イノベーションと起業家精神を体系として捉えた世界最初の本『イノベーションと起業家精神――その原理と方法　*Innovation and Entrepreneurship*』（一九八五年、日本版新訳一九九七年）の「第11章　イノベーションの原理」からの抜粋である。経済誌『ベンチャー』は「起業家精神のマネジメントについての嚆矢であって、かつ今日にいたるも唯一といってよい定本である。あらゆる知識労働者にとって、欠くことのできない座右の書である。

パート5「自己実現への挑戦」は、本書のまとめとして、もはや経済のために生き、経済のために死ぬことに満足できなくなったあらゆる人たちにとっての最大の問題、「何をもって記憶されたいか」を提起するものである。

1章「人生をマネジメントする」は、再び『明日を支配するもの』の「第6章　自らをマネジメントする――明日の生き方」からの抜粋であって、今日進行中の一人ひとりの知識労働者にとっての精神革命とともに、社会そのものの一大転換の様相を提示している。

続く2章「〝教育ある人間〟が社会をつくる」は、『ポスト資本主義社会』の「第12章　教育ある人間」からの抜粋である。ここにおいてドラッカーは、個人と社会の変革のエンジンとして、知識の意味の変化をとりあげている。3章「何によって憶えられたいか」は、NPO必携の書『非営利組織の経営――原理と実践　*Managing the Nonprofit Organization*』（一九九〇年）の「第5部　自己開発――人として、役員として、リーダーとして」からの抜粋である。

最後の付章「eコマースが意味するもの」が、『アトランティック・マンスリー』誌、一九九九年一〇月号収載の二〇〇〇年紀末最大の話題論文「IT革命の先に何があるか」である。

こうして本書は、あくまでも一人ひとりの人間とそのあげるべき成果、なし遂げるべきことに徹底的に焦点を絞った。そのため今回は、本書巻末に示したドラッカーの全著作三一点（小説を含む）のうち、一〇点と論文一点、すなわち膨大なドラッカー山脈のうち三分の一を紹介するにとどまった。私の愛読書『産業人の未来――改革の原理としての保守主義　*The Future of Industrial Man*』（一九四二年、日本版新訳一九九八年）、経営戦略の古典『創造する経営者　*Managing for Results*』（一九六四年、日本版新訳一九九五年）、ソニーのCEO、出井伸之会長がいうように断絶の時代にはまだまだ先があるがゆえに、今後数十年は有効であり続けるに違いない画期的なベストセラー『断絶の時代――いま起こっていることの本質　*The Age of Discontinuity*』（一九六九年、日本版新版一九九九年）など、重要な作品がもれている。

しかし少なくとも、ドラッカーの著作のうち、一人ひとりの生き方、働き方に焦点を合わせたものは網羅した。読者各位におかれても、次に読むべきものをご自分で選び、楽しんでいただけるようになることと確信する。

続いて訳者として付言したい。本書は、ドラッカーの全著作中、個人の生き方、働き方に関わる精髄を抜粋、編纂したものであって、全文ドラッカー自身の筆によるものである。本書の原題は、三部作"*The Essential Drucker*"の第一巻"*The Essential Drucker on Individuals*"である。心躍るものでないはずがない。ご一読後は、必ずや、読者にとって大事な方々に一読を勧めていただけることを願っている。

本書もまた、世界各国において刊行されることになっている。日本版については、全体の流れに沿ってすべて訳し直した。新訳についても例外としなかった。オーストリア生まれのアメリカ人、永く歴史に残る世界の巨人の著作を編纂するという大それたことを行い、さらにはそれを各国で刊行するという構想をともに実現してくれたドラッカー教授、ダイヤモンド社の御立英史さん、中嶋秀喜さんに深く謝意を表する。

上田　惇生

二〇〇〇年四月

ピーター・F・ドラッカー著作目録（※本書引用）

一.『経済人の終わり——全体主義はなぜ生まれたか *The End of Economic Man: The Origins of Totalitarianism*』（一九三九年、日本版一九六三年、岩根忠訳、東洋経済新報社。日本版新版一九九七年、上田惇生訳、ダイヤモンド社）

二.『産業人の未来——改革の原理としての保守主義 *The Future of Industrial Man*』（一九四二年、日本版『産業にたずさわる人の未来』一九六四年、岩根忠訳、東洋経済新報社、『産業人の未来』一九六五年、田代義範訳、未来社。日本版新訳一九九八年、上田惇生訳、ダイヤモンド社）

三.『会社という概念 *Concept of the Corporation*』（一九四六年、日本版一九六六年、岩根忠訳、東洋経済新報社、『現代大企業論』一九六六年、下川浩一訳、未来社）

四.『新しい社会と新しい経営 *The New Society: The Anatomy of the Industrial Order*』（一九四九年、日本版一九五七年、現代経営研究会訳、ダイヤモンド社）

五.『現代の経営 *The Practice of Management*』（一九五四年、日本版一九五六年、現代経営研究会訳、ダイヤモンド社。日本版新訳一九九六年、上田惇生訳、ダイヤモンド社）

六.『オートメションと新しい社会 *America's Next Twenty Years*』（一九五七年、日本版一九五六年、中島正信・涌田宏昭訳、ダイヤモンド社）

七．『変貌する産業社会　*The Landmarks of Tomorrow*』（一九五九年、日本版一九六二年、現代経営研究会訳、ダイヤモンド社）

八．『創造する経営者　*Managing for the Results*』（一九六四年、日本版一九六四年、野田一夫、村上恒夫訳、ダイヤモンド社。日本版新訳一九九五年、上田惇生訳、ダイヤモンド社）

九．『経営者の条件　*The Effective Executive*』（一九六六年、日本版一九六六年、野田一夫、川村欣也訳、ダイヤモンド社。日本版新訳一九九五年、上田惇生訳、ダイヤモンド社）※

一〇．『断絶の時代——いま起こっていることの本質　*The Age of Discontinuity*』（一九六九年、日本版一九六九年、林雄二郎訳、ダイヤモンド社。日本版新訳一九九九年、上田惇生訳、ダイヤモンド社）

一一．『*Technology, Management, and Society*』（一九七〇年）

一二．『*Men, Ideas, and Politics*』（一九七〇年）

一三．『マネジメント——課題、責任、実践　*Management: Tasks, Responsibilities, Practices*』（一九七三年、日本版一九七四年、野田一夫、村上恒夫、風間禎三郎、久野桂、佐々木実智男、上田惇生訳、ダイヤモンド社。『抄訳マネジメント』一九七五年、上田惇生訳、ダイヤモンド社）※

一四．『見えざる革命——年金が経済を支配する　*The Pension Fund Revolution*』（一九七六年、日本版一九七六年、佐々木実智男、上田惇生訳、ダイヤモンド社。日本版新訳一九九六年、上田惇生訳、ダイヤモンド社）

一五．『傍観者の時代　*Adventures of A Bystander*』（一九七九年、日本版一九七九年、風間禎三郎訳、ダイヤモンド社）

一六．『乱気流時代の経営　*Managing in Turbulent Times*』（一九八〇年、日本版一九八〇年、堤清二

監訳、久野桂、佐々木実智男、上田惇生訳、ダイヤモンド社。日本版新訳一九九六年、上田惇生訳、ダイヤモンド社）

一七．『日本　成功の代償　*Toward the Next Economics and Other Essays*』（一九八一年、日本版一九八一年、久野桂、佐々木実智男、上田惇生訳、ダイヤモンド社）

一八．『最後の四重奏　*The Last of All Possible Worlds*（小説）』（一九八二年、日本版一九八三年、風間禎三郎訳、ダイヤモンド社）

一九．『変貌する経営者の世界　*The Changing World of Executives*』（一九八三年、日本版一九八二年、久野桂、佐々木実智男、上田惇生訳、ダイヤモンド社）

二〇．『善への誘惑　*The Temptation to Do Good*（小説）』（一九八四年、日本版一九八八年、小林薫訳、ダイヤモンド社）

二一．『イノベーションと企業家精神——その原理と方法　*Innovation and Entrepreneurship*』（一九八五年、日本版一九八五年、小林宏二監訳、上田惇生、佐々木実智男訳、ダイヤモンド社。日本版新訳一九九七年、上田惇生訳、ダイヤモンド社）※

二二．『マネジメント・フロンティア——明日の行動指針　*The Frontiers of Management: Where Tomorrow's Decisions are Being Shaped Today*』（一九八六年、日本版一九八六年、上田惇生、佐々木実智男訳、ダイヤモンド社）※

二三．『新しい現実——政府と政治、経済とビジネス、社会および世界観にいま何がおこっているか　*The New Realities*』（一九八九年、日本版一九八九年、上田惇生、佐々木実智男訳、ダイヤモンド社）

二四．『非営利組織の経営——原理と実践　*Managing the Nonprofit Organization: Principles and*

Practices』（一九九〇年、日本版一九九一年、上田惇生、田代正美訳、ダイヤモンド社）※
二五．『すでに起こった未来――変化を読む眼　*The Ecological Vision: Reflections on the American Condition*』（一九九二年、日本版一九九四年、上田惇生、佐々木実智男、林正、田代正美訳、ダイヤモンド社）
二六．『未来企業――生き残る組織の条件　*Managing for the Future: The 1990s and Beyond*』（一九九二年、日本版一九九二年、上田惇生、佐々木実智男、田代正美訳、ダイヤモンド社）※
二七．『ポスト資本主義社会――二一世紀の組織と人間はどう変わるか　*Post-Capitalist Society*』（一九九三年、日本版一九九三年、上田惇生、佐々木実智男、田代正美訳、ダイヤモンド社）※
二八．『未来への決断――大転換期のサバイバル・マニュアル　*Managing in a Time of Great Change*』（一九九五年、日本版一九九五年、上田惇生、佐々木実智男、林正、田代正美訳、ダイヤモンド社）※
二九．『ドラッカー・中内往復書簡――挑戦の時／創生の時　*Drucker on Asia: A Dialogue between Peter Drucker and Isao Nakauchi*』（一九九六年、日本版一九九五年、上田惇生訳、ダイヤモンド社）※
三〇．『P・F・ドラッカー経営論集――すでに始まった二一世紀　*Peter Drucker on Profession of Management*』（一九九八年、日本版一九九八年、上田惇生訳、ダイヤモンド社）
三一．『明日を支配するもの――二一世紀のマネジメント革命　*Management Challenges for the 21st Century*』（一九九九年、日本版一九九九年、上田惇生訳、ダイヤモンド社）※

訳者紹介

上田　惇生（うえだ・あつお）

1961年サウスジョージア大学経営学科、64年慶応義塾大学経済学部卒業後、経団連事務局入局。同国際経済部次長、広報部長、㈶経済広報センター常務理事を経て、現在、ものつくり大学教授。学校法人国際技能工芸機構評議員。
主な訳書──ドラッカー（原著刊行順）『「経済人」の終わり』、『[新訳] 産業人の未来』、『[新訳] 現代の経営（上・下）』、『[新訳] 創造する経営者』、『[新訳] 経営者の条件』、『断絶の時代』、『マネジメント（上・下）』、『マネジメント【エッセンシャル版】』、『[新訳] 見えざる革命』、『[新訳] 乱気流時代の経営』、『日本成功の代償』、『変貌する経営者の世界』、『[新訳] イノベーションと起業家精神（上・下）』、『マネジメント・フロンティア』、『新しい現実』、『非営利組織の経営』、『未来企業』、『すでに起こった未来』、『ポスト資本主義社会』、『挑戦の時』、『創生の時』、『未来への決断』、『P. F. ドラッカー経営論集』、『明日を支配するもの』、『プロフェッショナルの条件』。『チェンジ・リーダーの条件』、『イノベーターの条件』。
クリーランド『システム・マネジメント』、ユーイング『計画の人間的側面』、パーキンソン『パーキンソンの広報の法則』、ショー『信頼の経営』（以上、ダイヤモンド社）。ボーゲル『ジャパン　アズ　ナンバーワン再考』（TBSブリタニカ）。

プロフェッショナルの条件
──いかに成果をあげ、成長するか──

2000年6月29日　第1刷発行
2002年8月23日　第35刷発行

著者／P. F. ドラッカー
編訳者／上田惇生

装丁／重原隆
印刷／松濤印刷
製本／石毛製本所

発行所／ダイヤモンド社
〒150-8409　東京都渋谷区神宮前6-12-17
http://www.diamond.co.jp/
電話／03・5778・7233(編集)　0120・700・168(受注センター)

ISBN 4-478-30059-3
落丁・乱丁本はお取替えいたします
Printed in Japan